암 수술한 내가 꼭 알았어야 할

꿀잠 수면법

암 수술한 내가 꼭 알았어야 할

꿀잠 수면법

조아라 지음

공감

'기적의 아침'은

매일 꿀잠으로 상쾌하고 기쁘게

하루를 시작하는 것입니다.

〈수면 기록으로 꿀잠 자기 프로젝트〉

참여자들의 실제 후기

수면에 대해 많은 것을 알게 되었습니다. 우선 수면 기록을 하니 내가 언제 자고 언제 일어났는지 인지하게 되었고, 늦게 자고 늦게 일어난 날은 반성하고 개선하게 되었습니다. 그리고 적게 잔 날은 수면 부족으로 피곤한 것을 알아차리게 되었습니다. 많이 잔 날도 그리 개운하지 않으면 많이 잤다고 좋은 것도 아니구나 하고 깨달았습니다. 워치를 활용했는데, 수면점수가 나의 기분과 일치하지 않는다는 것을 알게 돼서 충격적이었습니다. 감정 공부를 하면서 내 감정에 휩쓸리거나 속지 않도록 연습하고 있는데, 수면 연습에서도 이런 맥락을 깨달을 수 있었네요!

전○○님

이 프로젝트에 참여하게 된 계기는 아침기상 프로젝트에 참여했었는데 매번 늦잠을 자게 되고 보상도 받지 못하니 실패의 경험만 쌓고 낙심만 하다가 마이너스가 되는 지경에 이르러 탈퇴하게 되었습니다. 그래도 습관을 고치고자 하는 의욕은 있었기에 이 프로젝트에 참여하게 됐습니다. 여기는 정답이라는 것이 없고 나의 수면을 찾아가는 과정을 인증하는 곳이라서 틀렸다는 부담을 가지지 않아도 되어 좋았습니다. 앞으로도 꾸준히 인증해 나가려 합니다.

이○○ 님

　매니저님 감사합니다. 매니저님 덕분에 제 수면패턴에 대해 관심을 갖고 100일 동안 기록해보며 마음의 변화가 많이 있었습니다. 예전엔 해야지 해야지 하곤 거의 포기하고 살았지만 이젠 예전처럼 저를 포기하고 살진 않을 것 같아요. 비록 아직까진 제게 맞는 수면습관을 만들지 못했지만, 앞으로도 계속! 열심히! 좋은 수면습관을 갖도록 노력하겠습니다! 지금까지 이끌어주시고 인증선물까지 챙겨주셔서 너무나 감사합니다.

빵 님

　꾸준히 잘 인증한 건 아니었지만 꿀잠 프로젝트가 확실히 있을 때가 수면 기록도 하고 잠을 관리하려고 노력했던 것 같아요. 나중에 또 뵙고 싶어요. 적극적 참여는 아니라도 정이 많이 든 것 같아요. 감사합니다!

봄토끼 님

매니저님, 좋은 프로젝트 개설해주시고 매일 열정적이고 꼼꼼하게 이끌어주셔서 정말 감사했습니다. 프로젝트 덕분에 개인적으로 힘들고 중요한 시기에 좀 더 신경 써서 매일 수면을 관리할 수 있었습니다. 아직 하루를 시작하는 것이 쉽지는 않지만요.

함께하신 모든 멤버님들도 꾸준함으로 동기부여 해주셔서 감사드립니다.

초롱님

띄엄띄엄 하게 되어 100퍼센트 인증은 못했지만 선물해주신 책 완독할 수 있어 매니저님 너무 감사드립니다! 잠을 잘 못 자는 주변 지인들에게 매니저님 글과 추천해주신 책 공유해주어 수면 습관이 많이 좋아졌다는 이야기를 들었습니다. 수면을 통해 여러 사람들의 삶의 질을 높이는 선한 영향력 주셔서 감사합니다.

유○○님

여러분의 '꿀잠 기록' 습관이 기적의 아침을 만듭니다

"저는 두 아이의 엄마이자 37살이며 육아 휴직 중인 교육행정 직 공무원입니다."

이 한 줄 소개는 나를 객관적으로 드러내는 문장이다.

"저는 건강 수면습관 프로그램으로 기적의 아침을 만드는 **'꿀 잠습관 메신저'** 조아라입니다."

이 한 줄 소개는 나의 현재와 미래를 함께 드러내는 벅찬 문장 이다.

나는 크고 다른 야망을 가지고 있다.

우리나라 사람들 모두가, 더 나아가 전 세계 사람들 모두가 숙 면의 소중함을 깨닫고, 숙면 습관을 갖기 위해 '수면 기록'을 하는 것이다.

직장인 A : 안녕히 주무셨어요? 저는 7시간 10분 잤더니 개운
　　　　하네요. 부장님은 몇 시간 주무셨어요?

직장인 B : 와, 어제 꿀잠 잤나 보네. 나는 간밤에 영화를 좀 보
　　　　느라 5시간 40분 잤지. 그래도 수면 기록하면서 피
　　　　드백하니까 좋아. 오늘은 좀 더 일찍 잠자리에 들
　　　　어서 나도 7시간 자야겠어.

어느 곳에서나 이러한 대화가 오고 가는 모습을 상상한다. 서로의 수면 건강을 물어보며 자연스럽게 아침 인사를 건네는 것이다.

나는 김경일 교수님의 세바시 강연 〈한국인이 놓치고 사는 이 숫자만 바꿔도 인생이 바뀝니다〉를 보고 수면 기록을 시작해서 만 2년째 하고 있다. 또한 서민 교수님의 〈밥보다 일기〉를 읽고 일기 쓰기를 시작했고, 김민식 PD님의 〈매일 아침 써봤니?〉를 읽고 블로그를 쓰기 시작했다.

나의 〈꿀잠 수면법〉 책을 읽고 사람들이 '수면 기록'을 시작하길 바란다. 그리고, 자신만의 작은 습관을 하나씩 만들어가길 바

란다. 습관은 자라고 확장된다고 굳게 믿기 때문이다. 일기를 시작하거나, 블로그를 시작하거나, 글쓰기를 시작하는 것도 추천한다. 건강을 위한 명상이나 걷기 등의 운동을 시작하면 좋겠다. 하지만 욕심내지 말고, 한 번에 하나씩 작게 시작하면 좋겠다. 내 인생에서 변화의 시작은 '수면을 기록'하는 것이었고 그것이 점점 확장되어 가고 있기 때문이다.

2020년 봄 어느 날, 나는 **'아주 작은 습관을 쌓아가면 인생이 바뀐다'**는 것을 깨달았다. 나의 인생책이 된 〈아주 작은 습관의 힘〉을 만난 덕분이다.

나는 시골에서 태어나고 자라서 꽤 건강하다고 자부해왔다. 부모님이 나를 건강하게 낳아주시고 좋은 음식과 정성으로 키워주셔서, 잔병치레도 거의 하지 않는 건강 체질로 자랐다는 것에 감사하고 있었다.

하지만, 스무 살 이후부터의 삶에서 내 몸을 건강하게 지켜내지 못했다. 잠을 관리하지 못해 늘 피곤하고 번아웃 증후군을 달고 살았다. 나는 아이 둘을 두 번 모두 조산으로 낳을 정도로 내 몸을 잘 몰랐다.

2021년 7월, 나는 갑상선암 진단을 받았다. 혼자서 진료를 받고 병원을 나오는데 눈물이 마구 쏟아졌다. 딱 하루만 울기로 했다. 내가 암에 걸린 것은 나쁜 수면습관과 스트레스가 주원인이라 생각되었다. 그래도 너무나 다행이고 감사하다는 마음이 피어올랐다. 나는 이미 수면을 관리하며 건강해지고 있었다. 수면과 습관의 중요성을 깨닫고 수면 기록을 1년째 실행하고 있었기 때문이었다.

나는 8월 23일, 갑상선 반 절제술을 받았다. 식습관을 자연식 식사로 바꾸고 커피와 술을 끊었다. 운동 습관도 만들기 위해 아침 달리기를 실천하며 자신감을 찾았다. 지금은 새벽 명상과 체조를 하고 있다.

건강의 3개의 기둥은 식사, 운동, 수면이라고 연구자들은 말한다. 나의 핵심습관은 수면 기록 습관이다. 이 습관을 통해 내게 가장 큰 문제였던 수면습관을 규칙적으로 바로잡았다. 그랬더니 아침형 인간이 되는 데 성공했다. 6~7시간 수면 시간을 확보하면서 아침일기 쓰기와 블로그 포스팅도 매일 하고 있다.

욕심부리는 성격이 아직 있어서, 4시간 자는 날도 있었고, 이틀 동안 독서 모임 3개를 했던 날은 40분만 자기도 했다. 내 몸에게 가장 미안했고, 걱정해주는 신랑과 아이들에게도 미안했다. 말과 글로만 꿀잠 습관을 외치는 것은 아닌지 다시 나를 점검했다.

갑상선 암세포가 이미 자랐었기에, 더욱 건강을 생각하고 좋은 습관을 꾸준히 해 나가야겠다. 주기적으로 검사하고 전문가인 의사에게도 상담 받을 것이다. 그리고 나 스스로 내 몸을 잘 알고 소중하게 사용해야겠다.

당신의 수면습관은 어떠신가요?

'꿀잠 잤다!'라는 표현은 주말이나 휴가 때만 가끔 사용하는 말인가요?

제가 말하는 '꿀잠'은 '숙면'입니다. 우리는 매일 꿀잠을 잘 수 있습니다. 완벽한 인간은 없듯이, 어떤 날은 숙면을 취하지 못할 수도 있습니다.

하지만, 수면 기록을 통해 '숙면 습관'을 기른다면 매일 꿀잠 자는 생활을 할 수 있습니다. 실수로 늦게 잔 날에도 다음 날 다시 기력 충전 낮잠(파워냅)으로 회복하여 자신의 패턴을 찾아갈 수 있습니다. **꾸준한 나만의 수면패턴을 만드는 것이 가장 중요합니다.**

코로나 시대, 이제는 **수면력**입니다!

수면력을 키워서 면역력이 탄탄한 우리가 됩시다!

숙면 습관으로 더욱 건강하고 아름다워지는 독자들의 모습이 너무나 기대됩니다.

'미라클 모닝'이라는 단어가 '새벽 기상'이라는 말과 동의어는 아닙니다.

저는 우리말 그대로 정의하고자 합니다.

'기적의 아침'은 매일 꿀잠을 자고 상쾌하게 일어나 기쁘게 하루를 시작하는 것입니다.

그러므로 '기적의 아침'은 우리 모두에게 이미 주어져 있고, 노력으로 더욱 탄탄하게 만들어갈 수 있습니다.

이 책 속에 담은 저의 경험과 지식을 통해, 여러분도 '숙면 습관'(저는 '꿀잠습관'이라고 부릅니다)을 만들어가시길 바랍니다.

여러분의 숙면 습관 만들기 실천이 기적의 아침을 만들고 건강하고 행복한 삶으로 이끌어줄 것입니다.

2022년 4월

꿀잠습관 메신저 조아라

〈 PART 2 〉
수면 기록이 답이다
누구나 실천할 수 있는 수면 기록으로 꿀잠 습관 기르기

<PART 4>
꿀메에게 물어보세요 Q&A
꿀잠 메신저와 함께 꿀잠에 대한 고민 해결하기

PART 1

좌충우돌
깨달음의 시간

잠 못 이루는 현실에서 나오기 위해

책에서 해결법을 찾다

벼락치기와 올빼미 생활

나의 잠 변천사를 들려주고 싶다. 엄마는 나의 어린 시절을 추억하시며 이렇게 말씀해 주셨다.

"너는 업어가도 모를 정도로 잠에 빠져들어서 잤어. 그래서 이불에 지도 안 그리게 하려고 자는 애를 안아서 화장실에 앉혀야 했어."

그랬다. 나는 참 잘 자는 아이였다. 지나칠 정도로 깊은 잠에 빠져드는 아이였다. 우리 부모님은 맏아들 맏며느리다. 그래서 결혼을 하자마자 시골에서 부모님을 모시고 함께 사셨다. 나중에 분가하신 후에도 주말이면 시골에 가서 농사일을 도우셨다. 이렇게 농사를 도우시며 자연스레 아침형 인간 습관의 본보기를 보여주시고 오빠랑 내가 저녁 9시면 잘 수 있도록 하셨다.

내가 초등학생이었던 1990년대엔 핸드폰, 컴퓨터, 노트북 등의 디지털 기기가 보편화되기 전이었다. 고학년 무렵, 컴퓨터는 있었지만 우리 남매는 지뢰찾기, 슈퍼 마리오 등의 소소한 게임을 하거나 숙제로 워드프로세서를 활용하는 정도였다. 핸드폰은 중학생이 되고 나서 사주셨기에 초등시절 6년 동안은 잠을 푹 자며 지냈다.

문제는 중고등학교를 다닐 때부터였다. 나는 수업 때 집중하는 학생이었지만, 평소에는 공부를 안 하다가 벼락치기로 시험공부를 하는 편이었다. 잠은 4시간 이상만 자면 된다는 근거 없는 이야기를 믿고는 12시 넘게까지 TV 시청을 하거나, 책을 보거나, 컴퓨터를 했다. 늦게까지 공부를 하거나 엎드려서 책을 읽다가 불을 켜놓고 자는 날도 많았다. 책을 보다가 잔 것이니 괜찮다고 자랑스럽게 생각하기도 했다.

고등학생 때는 "잠과의 싸움"이라고 부르면서까지 잠을 쫓으려고 애쓰곤 했다. 잠에 관한 웃픈 에피소드가 있다(웃프다: '웃으면서 슬프다'는 뜻으로, 표면적으로는 웃기지만 실제로 처한 상황이나 처지가 좋지 못하여 슬프다). 나는 고2 때부터 2년간 학교 기숙사에서 살았다. 자습실에서 잠을 쫓으며 공부하다가 그날은 너무나 참기 힘들었다.

수수께끼도 있지 않은가. "세상에서 가장 무거운 것은?" 바로, "눈꺼풀"이 그 답이다. 자고 싶지 않은데 눈꺼풀을 아무리 들어 올려도 또다시 눈이 감기고 나도 모르게 잠에 빠져들어 본 경험이 있는 독자라면, 지구보다 무거운 '눈꺼풀의 무게'를 알 것이다. 하지만, 졸리다고 눈꺼풀을 꼬집는 사람은 잘 없을 것이다. 나는 너무너무 졸려서 답답한 나머지 그만 눈꺼풀을 꼬집게 되었다. 결국, 나의 눈꺼풀엔 멍이 크게 생겼다.

"너 눈꺼풀에 뭐 생겼어, 눈 위에 눈이 있는 것 같아."
"에구, 눈꺼풀 피부가 얼마나 약한데 여길 꼬집다니… 선생님은 이런 모습 처음 본다."

한 3주 동안은 멍이 나을 때까지 친구들과 선생님들의 놀림을 들으며 다녔던 기억이 난다. 눈꺼풀의 그 약한 피부를 꼬집다니, 내가 생각해봐도 어이가 없고 놀랍다. 하지만, 우리나라 학생들이라면 시험 기간과 수업 시간에 쏟아지는 졸음을 참으며 지냈던 경험이 있을 거라 생각한다. 고3 때는 미안한 마음을 무릅쓰고 수능시험 때 선택하지 않은 과목 시간엔 슬쩍 엎드려 자기도 했다. 물리는 너무 싫었지만 선생님은 인자하셨는데… 물리 선생님께 죄송한 마음을 전하고 싶다.

나의 올빼미 생활은 대학생 때 정점을 찍었다. 특히, 대학 2학년과 3학년 때는 내 젊음이 다 해결해 줄 거라고 믿었다. 돌도 씹어먹을 나이라고 하지 않는가. 하지만, 이것은 옛말이다. 갑상선암으로 수술을 받은 내가 20대 청년들에게 꼭 부탁하고 싶다. 그러면 안 된다. 자신의 몸을 사랑하고 아끼면서 젊음을 즐겨야 하고, 충분히 그렇게 할 수 있다. 어느 정도 규칙적인 생활을 유지하며 꿀잠 습관도 꼭 기르길 바란다. 그렇게 건강한 생활 습관을 바탕으로 하면서 다양한 사회 경험들을 하나씩 쌓아 나가길 바란다.

나는 '경산 우리학교'라는 곳의 야학교사가 되었다. 야학교사로 봉사활동을 하며 보람도 느끼며 많은 경험을 할 수 있어서 좋았다. 다만, 불규칙한 생활과 잠이 문제였다. 20대 초반의 나는 밤에도 참 많이 놀고, 늦게 자고 늦게 일어났다. 동료들과 어울리며 회식도 하며 술도 많이 마셨다.

행사 준비로 야학에서 밤샘을 한 날이었다. 대학교 앞의 자취방에 들어가기 위해 새벽 버스를 탔다. 잠이 푹 들었다가 눈을 떠

보니 한 바퀴를 돌아 다시 버스를 탔던 곳으로 돌아와 있었다. 정확히 시간 계산을 해보진 못했지만, 거의 2시간을 잤던 것 같다. 버스 기사 아저씨는 나를 보셨는지 모르겠다. 너무나 당황스럽고 부끄러워서, 내렸다가 다른 버스를 타고 집에 갔던 것으로 기억한다.

교원 임용 시험 재수와 삼수 시절은 나의 20대 중에 가장 규칙적으로 살았던 시기였다. 고시원, 고시식당, 학원과 스터디룸, 독서실밖에 모르던 시절이었다. 규칙적으로 꾸준히 공부한 덕분에 교원 임용 시험을 합격할 수 있었다.

하지만, 나는 직장인과 아이 엄마가 되어 또다시 불규칙한 생활을 이어갔다. 결혼 전엔 내 스트레스를 해소하지 못해서였고, 결혼과 두 아이 출산 후엔 아이들을 재우고 나의 휴식과 취미생활을 하기 위해서였다.

육퇴의 어려움

첫아이를 임신 8개월인 34주에 낳았다. 소방관인 신랑은 3교대 근무를 했기에 당직인 날은 집에 들어오지 못하고 다음날 아침 9시에 퇴근하고 돌아왔다. 나는 이 작은 아기를 지켜야 한다는 책임감과 조바심을 안고 살았다. 육아를 책으로 배우며 열심히 따라서 하기도 하고, 우리 아기의 다른 점을 인정하고 그 기질에 맞추려고 노력했다.

아이가 형제가 있으면 좋겠고 두 살 터울이 좋겠다는 마음에, 가족계획을 하고 둘째를 임신했다. 2015년 3월에 나는 복직을 했다. 둘째 아이의 임신, 첫째 아이의 어린이집 첫 등원, 그리고 나의 복직 시기까지 이렇게 삼박자가 맞아떨어졌다는 생각에 기쁘게 일했다. 임신 중에 일도 할 수 있고, 출산 후에는 출산 휴가와 육아 휴직을 사용하면 되니 딱 좋은 일정이라 생각했다.

그때, 중학교 수학교사로 근무했는데 임신 중이니 담임을 맡는 대신 학생 문화부 동아리를 담당하게 되었다. 학기 중에 출산 휴가와 휴직을 쓸 예정이라 담임이 아닌 것은 다행이었다. 그런데 우리 학교는 특히 행사가 많은 학교여서 동아리 활동, 발표회, 축제 등을 준비하느라 이리 뛰고 저리 뛰고 많이 움직이며 다녔다. 원래 성격이 주도면밀하기보다는 행동파여서 더 그랬던 것 같다.

여름 방학을 하자마자 기쁜 마음으로 친정집에 내려갔다. 3일째 되던 날, 이슬이 비치고 느낌이 좋지 않아서 산부인과에 갔다. 아기를 낳아야 하는 응급 상황이니 인큐베이터가 있는 대학 병원을 가라고 했다. '자궁경부 무력증'인지 몰랐는지 물어보셨다. 나는 너무 속상했다. 내가 살던 지역의 의사 두 분의 말만 믿고, 내 몸의 문제는 생각지 못한 것이었다.

첫째 아이는 임신 34주, 정상분만과 조산의 경계에서 낳았다. 다행히 건강하게 태어나 잘 자라준 것을 감사하며 키웠다. 그런데, 내 자궁의 문제로 이번엔 둘째가 너무도 위험한 상황이었다. 우리는 병원 간 구급차인 129를 타고 대구 카톨릭 대학교 병원으로 달려갔고 응급 수술로 우리 금동이를 낳았다. 임신 29주 6일이었다.

병원에는 많은 이른둥이(미숙아)들이 있었다. 금동이는 인큐베이터에 들어간 지 51일째 되던 날에 퇴원했고 지금 8살 어린이로 건강하게 잘 자라고 있다. 나는 대학병원에 갈 때면 아기들과 엄마들, 부모, 가족 모두를 위해 기도한다. 그리고 우리 아이와 주변의 아이들이 건강하게 커가는 모습을 보며 하느님께 감사 기도를 드린다.

아이가 6개월이 되도록 뒤집기를 못해서 걱정된 우리는 서울세브란스 병원에서 MRI 검사를 받았고, 아이가 백질연화증으로 인한 경증의 하지마비 장애가 있음을 알게 되었다. 재활병원에서 입원 생활을 하며 장애가 있는 아이들이 치료받는 모습을 보니 마음이 많이 아팠다. 엄마들과 교류하며 병실에서 전기 포트로 찌개를 끓여 함께 먹기도 하고 담소를 나눴던 기억들을 잊지 못한다(병실에서 취사는 금지이므로 직원들 몰래였음을 고백한다). 효정이 할머니는 우리 은하가 잘 웃어서 해바라기 같다고 하셨다. 또 어떤 날은 재잘거리는 모습이 콩새 같다며 예뻐해 주셨다.

나는 '육퇴'라는 말을 친구를 통해 알게 되었다. '육퇴'는 '육아 퇴근'의 줄임말이다. '육아 퇴근'이라는 말을 사용하니 육아를 업무로 보는 것 같아서 처음엔 그 단어를 사용하기가 꺼려졌다. 하지만, 나랑 주변 지인들을 보아도 엄마들이 육아를 많이 맡고 있는 것은 현실이었다(물론 요즘엔 아빠들도 육아를 많이 함께 한다). 그리고 아이들을 재워야 엄마의 일이 마무리가 되어 편히 쉬기도 하고, 무언가 다른 개인 활동을 할 수 있었다. 그래서 친구가 '육퇴했어'라는 말을 사용하는 것이 이해가 되었고, 나도 가끔씩 사용하게 되었다.

엄마들의 하루 일과는 아이들을 재우면 끝난다. 아이들이 잠을 잘 자면 그렇게 예쁠 수 없고, 9시 전후로 아이들을 재우고 나면 정말 행복했다. 이때부터는 오롯이 나만의 시간을 보낼 수 있기 때문이다. 야식과 소주를 앞에 두고 신랑과 대화를 나눌 수 있었고, 영화도 함께 볼 수 있었다. 나는 아이들이 영유아일 때 재봉틀을 배워서 꼼지락대며 옷과 소품들을 만들기도 했다. 아파트였는데 밤에 오버로크(마름질한 옷감의 가장자리가 풀리지 않도록 꿰매는 기계)를 돌리다가 다른 집에 민폐를 끼친 적도 있었다. 아랫집 아저씨께 원성을 듣기도 했다. 죄송한 마음을 꼭 전하고 싶다. 베란다라서 괜찮다고 생각한 나는 너무 철이 없었다.

육퇴한 후의 나만의 밤시간은 행복했다. 하지만, 내가 바라는 시간에 아이들을 재우고 육퇴를 하기는 너무나 힘들었다. 아이들은 주로 10시 전후로 잠이 들었는데 나도 함께 잠든 적이 거의 80% 이상이었던 것 같다. 육퇴한 후의 즐거움을 느끼는 것은 20%로 가끔이었다. 아이들을 재우려고 함께 누워 자장가를 불러주는 것을 좋아했다. 지금도 너무 피곤한 날 말고는 불러주는 편이다. 자장가를 부르면 첫째는 빨리 잠드는데, 둘째는 좀 더 시간이 걸렸다. 나는 '안 자야지' 하다가도 눈을 감은 채로 자장가를 다 부르고 나면, 나도 기절하듯이 함께 잠을 잤다.

꿀잠꿀팁 1.
수면건강을 위한 단 한 가지 습관은?

> **꿀팁!**
>
> 1. 매일 일정한 시간에 잠자리에 들고 일정한 시간에 일어나 보세요.
> 2. 물론 꿀잠메신저인 저도 1번이 어렵습니다. 그러므로 "수면기록"을 하면서 수면시간표를 유지하려 노력해보세요!
> 3. 스스로 매일 질문을 던져보세요! "나는 몇 시간 자면 지혜롭게 하루를 보낼 수 있는 사람인가요?"

꿀잠! 수면과학

저는 몸과 마음의 건강을 잃고 힘든 나날을 보냈습니다. 우울증을 앓았었고, 두 아이를 조산으로 낳아서 또래보다 약한 이른둥이를 키우느라 마음고생을 많이 했습니다. 저는 육아 스트레스를 엉뚱하게 해소하는 날이 많았습니다. 아이들을 재우고 자유시간을 누리기 위해, 새벽까지 깨어있다가 늦게 자는 불규칙한 생활을 한 것입니다.

이랬던 제가, 2년 전부터는 〈아주 작은 습관의 힘〉을 읽고, 제 수면습관부터 바꿔 나가기 시작했습니다. 수면에 관한 책을 깊이 있게 읽었고, 바로 실행에 옮겼습니다. 저는 이제 아침형 인간이 되었다고 당당히 말합니다. **'호모 사피엔스'='인간' 종 모두는 야행성이 아닌, 낮에 활동하는 "주행성"입니다. 그러므로, 아침형 생활 패턴을 체득하는 것이 건강에 좋으며 더 생산성이 좋다고 믿습니다.** 물론 업무에 따라 어쩔 수 없이 밤에 일을 하는 사람들이 많다는 것을 알고 있습니다. 그분들도 밤잠과 낮잠을 이용하여, 자신의 수면패턴을 적절히 관리함으로써 좀 더 좋은 수면습관을 가질 수 있다고 생각합니다.

〈우리는 왜 잠을 자야 할까〉를 쓴 수면과학자 매슈 워커는 "매일 같은 시간에 잠자리에 들고 같은 시간에 일어나라"고 말합니다. 〈숙면의 모든 것〉을 쓴 수면과학자 니시노 세이지도 같은 이야기를 합니다. 자신이 정한 수면 계획표를 따르라고 말입니다.

습관이 좋은 점은, 내가 습관으로 만들어놓으면 고민할 필요 없이 바로 실행하면 된다는 것입니다. 자동화되니까 수고로움도 없고, 신경도 덜 쓰이고, 내가 하고 싶은 행동을 자연스럽게 실행하게 되는 거죠.

저는 이제 아침을 사랑하게 되었습니다. 오늘은 몇 시에 잘까? 오늘은 뭐 할까? 이런 고민을 하지 않으니 오히려 편합니다. 저자의 말대로 기상 시간을 고정하고 각성 시간(깨어있는 시간)이 14~16시간임을 고려하여, 수면 시간이 6~8시간이 되게끔 취침 시간을 설정하는 것이 좋습니다. 저는 그래서, 제 수면 시간표를 10~11시 취침, 4~5시 기상으로 정하고 실행하고 있습니다. 이렇게 자면 6~7시간의 수면 시간을 채울 수 있습니다.

수면은 몸과 뇌가 활동을 멈추거나 단순히 쉬는 것이 아닙니다. 몸과 정신이 회복할 시간을 주는 것입니다. 심장은 여전히 뛰고 있고 폐도 여전히 숨쉬고 있고, 우리 몸과 뇌는 열심히 활동하고 있습니다. 다만 부교감신경의 영향으로 어느 행동을 중점으로 두느냐가 달라진다고 합니다.

제가 이 책을 통해 말씀드리고 싶은 '매일 꿀잠 자는 습관'은 각자 '나만의 수면 시간표 지키기'를 통해서 가능합니다. 꿀잠습관 만드는 도구가 바로 '수면 기록'입니다. 여러분도 수면의 소중함을 깨닫고 수면 기록을 해 나간다면 꿀잠습관을 만들 수 있습니다.

방황과 우울증 그리고 새로운 도전

　나는 2020년 교육행정직으로 이직했다. 2018년에 우울증을 겪으며 다른 삶을 살고 싶었기 때문이다.

　나는 둘째 아이의 물리치료를 더 하고 싶은 마음에 육아 휴직을 길게 했고, 주말부부도 길게 했다. 첫째 아이에게 '분리 불안'이 찾아왔다(분리 불안병: 어린아이에게 일어나는 정신 장애로, 어린아이가 같이 있던 부모 등과 분리되면 과도하게 불안해하는 병). 아이와 나, 우리 가족 모두가 힘든 시간을 보냈다.

　2018년에 두 번째 복직을 했던 나는 다시 2011년의 초임 때처럼 방황의 시간을 보냈다. 그 당시 만났던 아이들에게 너무나 미안하다. 고마운 아이들도 참 많았다. 하지만 나는 2학기를 끝까지 함께 해주지 못했다.

나는 25살까지 온실 속의 화초처럼 안전하고 곱게만 자라왔음을 깨달았다. 2011년, 처음 교단에 섰던 26살 때 나는 사춘기를 혹독하게 겪었다. '사춘기는 청소년기에 겪는 것'인데 말이 안 된다고 생각할 수도 있다. 하지만, 다시 생각해보아도 나는 그때가 사춘기였음을 절실히 깨닫는다. 10대 때부터 크고 작은 고민들은 있었어도 내 존재 자체가 의심된 적은 처음이었다. 내 적성에 맞을 거라고 생각했던 수학교사 역할은 너무나 커다란 짐이었다. 소극적이고 마음이 약했던 나는 그 시기를 뚫고 나오지 못했다. 무능력한 나 자신을 자책하며 울면서 잠들고, 아픈 머리를 부여잡고 아침에 겨우 일어났다.

두 아이를 낳아서 키우며, 2018년엔 더 성숙한 내가 되리라 마음먹고 복직하여 출근을 시작했다. 나는 거꾸로수업 영상을 촬영해서 올리는 등 다양한 수업방법도 시도했다. 아이들의 입장에서 서려고도 노력했지만, 난관에 계속 부딪혔다. 이제 교직 4년차에 접어들었는데 '제발 선생다운 선생이 되자'라고 마음먹었다. 2학기 한 학기만 버텨보자고 다짐하며 출근했다. 아이 둘이 있는 엄마로, 교사로 바로 서지 못하는 내가 너무 답답하고 죽을 만큼 힘들었다.

'내가 극단적인 선택을 할 수도 있겠구나.'

'나도 모르게 내 주위 사람들을 너무나 힘들게 할 수도 있겠다'
는 생각이 들어서 정신과와 상담실을 찾았다.

나는 그해 11월에 우리반 아이들 한 명 한 명에게 편지를 쓰고
도망치듯 휴직을 했다. 우선 나를 살리고, 우리 가족을 위하고 싶
었다.

환경을 바꾸고 싶어서 다른 도시로 이사를 했다. 아이들을 유
치원과 어린이집에 둘 다 보내게 되며 다시 도전한 일이 교육행
정직 공무원 시험이었다. 시간 관리를 최우선으로 집중적으로 공
부한 덕분에 4개월 만에 합격할 수 있었다.

꿀잠의 소중함을 35살에 깨닫다

    나는 2020년, 주말부부이자 워킹맘으로 두 아이를 키우며 지냈다. 강원도 인제 기린면이라는 곳이었다. 코로나 시국이었지만 시골 학교라서 한 달 정도의 원격수업 빼고는 등교수업과 방과후학교까지 모두 할 수 있었다. 우리 가족은 학교 텃밭을 빌려서 텃밭도 가꾸었다. 운동장에서 모래놀이도 하고, 축구, 사방치기 등을 하며 바깥 활동을 많이 즐겼다. 행복하고 감사한 시간들이었다.

    나는 교사의 짐을 벗어서 우선 시원했고, 행정직 업무를 부지런히 배웠다. 4대보험료, 세금 등 내가 몰랐던 일들이 정말 많다. 이러한 행정처리를 예전부터 해오셨고, 지금도 열심히 해주시는 모든 기관과 회사의 사무직원들이 존경스럽고 감사했다.

나는 관사에 살면서 점심시간이나 아이들을 재운 후에 독서도 더 많이 할 수 있게 되었다. 영어 공부도 소소하게 시작할 수 있어 행복했다. 김민식 PD님의 〈매일 아침 써봤니?〉라는 책을 읽고 나도 글을 쓰고 싶고 기록하고 싶어졌다. 그래서 3월부터 티스토리 블로그를 시작했다. 일상글도 올리고 영어 공부글도 올렸지만 꾸준히 쓰기가 어려웠다.

그래서, 나는 글을 쓸 수 밖에 없는 환경에 나를 집어넣기로 했다. '한달어스'라는 곳에서 한 달 동안 매일 블로그 글을 쓰고 인증하는 프로그램을 하고 있었다. 나는 한달 서평, 한달 미니멀을 시작으로 한달 자기발견, 커리어발견, 한달 달리기까지 열심히 했다. 아침 6시에 일어나서 혹은 점심시간에 글 쓰는 것이 목표였지만 번번이 실패하고 밤 10시에 아이들을 재우고 쓰는 날이 많았다. 12시 넘어서 잠을 자니 다음 날 아침엔 또 7시 넘어서 기상하고 바쁘게 하루를 시작하는 악순환이 반복되었다. 이때는 나의 문제점을 제대로 인식하지 못했다.

내가 2018년에 우울증을 극복할 수 있었던 것은 "공감대화"의 힘이 컸다. 공감대화는 비폭력대화를 우리말로 의역한 것이다.

'비폭력'이라는 말은 간디가 주창한 '비폭력'의 의미이다. 나는 책 〈비폭력대화〉를 읽고 이런 대화법이 있다니, 꼭 배우고 실천해야 겠다고 마음을 먹었다. 하지만, 대화방식을 하루아침에 바꾸기는 어려웠다. 책 내용을 읽을 때에는 끄덕여졌지만, 내게 적용하기 에는 한참 멀어 보였다.

우울증으로 내가 가장 힘들었던 그 시기, 나는 속초 한살림 재능기부 특강에서 고현희 선생님을 만났다. 공감대화 공부모임을 열어주셔서 고현희 선생님과 사람들을 만나며 나는 '자기공감'이란 걸 할 수 있게 되었다. 그리고, 공감대화를 내 평생의 화두로 살아야겠다고 다짐했다. 춘천으로 이사를 한 후에, 선생님께 부탁드려 춘천에서도 공부 소모임을 1년간 참여했다. 그리고 인제에 이사와서도 줌(zoom)을 이용한 온라인 모임으로 강사과정 공부를 이어갔다.

이렇게 배우면서도, 나에게 공감대화는 닿을 듯 말 듯 어려운 외국어 같았다. 어떤 날은 우리집 아이들과 공감대화가 잘되어 즐거웠다. 또 어떤 날은 아이들에게 짜증과 화를 내며 소리를 지르기도 했다. 나는 마음 한편에서 '주말부부라서, 워킹맘이라서 그런 거야'라고 변명하고 있었다. 하지만, 나 스스로 그것이 변명이고 핑계라는 것을 알기에 부끄러웠다.

"공감대화가 이렇게 좋고 내게 필요한데, 왜 실천이 잘 안 될까?"

나는 자책하고, 원인을 찾고 또 찾아보았다. 우선 내 욕심이 많았다. 아이들에게 기대를 하고 조급해하고 충분히 기다려주지 못했다. 두 번째 이유는 내 체력과 컨디션의 문제였다. 첫 번째 이유가 마음의 문제이니, 일기도 쓰고, 심호흡을 하고 대화를 하니 조금씩 나아지고 있었다.

두 번째 문제는 밤에 애들을 재우고 블로그를 쓰려니 애들 재우기를 숙제로 생각해버려서 답답함을 느꼈던 것이었다. 잠이 부족해서 좋지 못한 컨디션으로 하루를 살아내려니 아이들에게 짜증을 내고 소리를 치기도 했다.

나는 바로 이때, 〈아주 작은 습관의 힘〉이라는 책을 만났다. 그리고 내 첫 번째 인생책이 되었다. 현재 나에게 가장 필요한 습관은 수면습관이었다. 12시 이전에 자고, 새벽 6시 기상을 습관으로 만들기 시작했다. 하지만 새벽 6시 기상은 너무나 힘들었다. 수면에 대한 고민으로 책을 찾아보다가 〈숙면의 모든 것〉이라는 책을 읽었다. 김경일 교수님의 세바시 영상 "한국인이 이 숫자를 알면 인생이 바뀝니다"를 보고 나는 결심했다. 바로, 수면 시간을 1년 이상 꾸준히 기록해보는 것이었다.

그리고 나는 점점 취침시간을 당겼고, 아이들과 함께 10시쯤 자면 새벽 6시에 일어나기가 확실히 수월하다는 것을 깨달았다. 주말에도 몰아서 잘 필요가 없어졌다.

매일 수면 시간을 기록만 하면 되니 간단하고 이렇게 좋은데, 혼자 하기엔 너무 아깝다는 생각이 들어서 '카카오프로젝트100'에서 프로젝트를 개설하기로 마음먹었다. 2020년 9월 시즌3가 드디어 시작되었다. 나는 미리 〈우리는 왜 잠을 자야 할까〉라는 책을 구입해서 읽기 시작했다. 그리고 100일 동안 "오늘의 주제글"을 멤버들이 볼 수 있도록, 매일 포스팅해서 올렸다. 수면 과학 책과 아침 습관에 관한 책을 읽으며, "꿀잠"에 관한 글을 매일 올렸던 것이다.

나는 10대 때부터 과학을 무척 좋아했다. 매슈 워커의 수면 과학책 〈우리는 왜 잠을 자야 할까〉는 이른바 '벽돌책'이라고 불릴 만한 두꺼운 책이었지만 즐겁게 읽었다. 발췌하고 요약해서 글을 올리고, 내 생각을 담으려고 하다 보니, 책을 더욱 열심히 정독해서 읽었다.

세상에, 나는 잠이 이렇게 중요한지 몰랐다. 35살에 잠의 소중함을 깨닫게 된 것이다. 여태까지 그렇게도 잠을 무시하며 살아온 것이 너무도 아까웠다. 억울함마저 느꼈다.

잠은 우리의 기억을 정리하고, 잊을 것은 잊게 해주고, 성장 호르몬이 원활하게 작용할 수 있게 해주고, 면역력도 키워준다. 단시간 수면자(단시간만 수면을 취해도 문제가 없는 사람)는 극소수이며, 6~8시간 정도씩 충분한 잠을 자야 좋은 컨디션으로 건강하게 생활할 수 있다는 것을 알게 되었다. 35년을 살아오며 나는 내가 충분히 자야 하는 사람이란 걸 알고 있었다. 평균 6~8시간 자야 한다는 것을 몸으로 느끼고 있었다. 다만, 인정하지 않고 대충 자면서 생활했을 뿐이었다.

수면 과학 지식을 이렇게 친절하게 들려주는 매슈 워커 교수님이 너무도 감사했다. 그리고 〈숙면의 모든 것〉을 쓴 니시노 세이지 교수님도 너무도 감사하고 존경하게 되었다. 두 분께 큰 절을 올리고 싶다. 개인적으로 편지도 드리고 싶어졌다.

현대인들은 각자의 자리에서 열심히 살고 있다. 하지만, 우리가 매일 자는 잠에 대한 과학 지식은 부족하다. 그래서 나는 〈수면기록으로 꿀잠 자기 프로젝트〉를 통해 숙면할 수 있는 방법, 수면 과학 지식을 매일 포스팅하고 나누었다. 잠의 소중함을 깨달고, 각자의 꿀잠을 지켜 나가려는 노력을 함께 하고 싶었다. 나의 100일간의 노력들이 통했다는 것을 느낄 때, 참 행복했다. 사람들의 후기를 통해, 나의 메시지가 사람들에게 전해지고 있다는 것을 느낄 수 있었다. 다음 시즌에 또다시 참여하신 분께서 자신의 수면패턴을 건강하게 바꾸고 있다고 말씀하실 때 기운이 마구 솟아 올랐다.

100세 시대, 나이는 숫자에 불과하다. '실제 나이'와 '신체 나이'는 차이가 난다. 겉모습으로도 건강을 체크할 수 있지만, 신체 내부에 있는 장기의 건강이 중요하다. 그리고 정신 건강과 수면 건강이 매우 중요하다고 나는 믿는다.

그러므로, 잠의 소중함을 깨닫는 시점도 크게 중요하지 않다. 실제로 나는 겉모습은 건강해 보이지만, 갑상선암에 걸려 반을 절개했으므로 일단 암환자로서 더 주의 깊게 건강을 챙기며 살아가고 있다. 나는 갑상선암을 발견하기 전인 35살에 깨닫게 된 것이 너무나 다행스럽고 감사하다.

여러분도 잠의 중요성을 깨달은 그 시점이 자신의 가장 젊은 시점이다. 100세 시대인 지금은, 앞으로 살아갈 날이 무수히 많다. 그러므로, 이 책을 집어 들고 읽고 계심을 축하드린다! 여러분은 꿀잠의 중요성을 깨달은 시점부터 더욱 건강한 삶을 살게 될 것이다. 암환자로 살기 싫다면, 이왕이면 건강하게 활기차게 남은 생애를 살기를 원한다면, 수면을 관리하는 것이 첫 번째라고 나는 굳게 믿는다.

꿀잠꿀팁 2.
당신은 잠을 충분히 자고 있습니까?

꿀팁!

1. 이번 〈꿀잠꿀팁 2〉에 수록한 '수면 만족도 검사지'를 냉장고 등 눈에 띄는 곳에 붙여두세요. 수면만족도가 궁금한 날에 검사지를 활용해 '나의 수면 점수'를 측정해 봅시다! 달력이나 일기장에 수면시간과 수면 점수를 함께 기록해보세요!

2. 저는 검사지를 매일 활용하지는 않습니다. 매일 취침시간 ,기상시간, 수면시간과 함께 "내 맘대로 수면 점수"(10점 만점의 기분 점수)를 줍니다. 이것만으로도 나만의 수면패턴 찾기는 가능합니다!

3. '수면 기록'과 자기자신에게 던지는 '질문'이 바로 자기 관리의 시작입니다! 오늘 "내 맘대로 수면 점수"(기분 점수, 나의 신체 컨디션 점수)는 몇 점인가요?

꿀잠! 수면과학

학창 시절 노력파이자 성실형인 저는 의자에 엉덩이를 붙이고 앉아있는 시간의 양을 중요시했습니다. 그래서 기숙사 독서실에서 공부를 하다가 밤 12시를 훌쩍 넘어서 자고, 아침에 친구들이 깨워서 일어났습니다. 학교 수업 때도 꾸벅꾸벅 많이 졸았던 기억이 납니다. 오죽했으면 맨 앞자리에서 졸다가, 수학선생님이 '졸아라'라는 별명까지 지어주셨겠습니까?(제 이름 '조아라'에 받침을 넣어봐야겠다고 하시며 칠판에 'ㄹ'을 적어주셨습니다). 정말 웃픈 별명입니다.

저는 낮잠을 안 자고 하루를 버틸 수 있다면 괜찮다고 생각했습니다. 하지만, 충분하지 못한 수면 때문에 공부 집중도가 약했던 것 같습니다. 그리고 스무 살 이후로는 더욱 불규칙한 생활을 해왔습니다. 야학교사로 봉사활동을 하며 수업이 끝나면 회식을 자주 했고, 밤샘수다도 너무나 좋아했습니다.

행사 등으로 일시적으로 잠이 충분하지 않은 날이 있을 수 있습니다. 하지만, 수면 부족인 날이 많아지면 수면부채가 됩니다. **'수면부채(睡眠負債, Sleep debt)'란 자신도 모르게 쌓이는 잠에 진 빚을 말합니다. 가계부채처럼 잠을 충분히 자두지 않으면 부족한 잠이 누적되어 건강에 부정적인 영향을 미친다는 것입니다.**

여러분도 잠의 중요성을 느끼신다면, 만성 수면 부족 상태가 될 때까지 방치하지 말아야 합니다. 수면 부족일 때는 잠기가 수월하지만, 수면부채가 되면 점점 잠기가 힘들어지고 몸에 악영향을 미치기 때문입니다.

수면 과학자 매슈 워커의 〈우리는 왜 잠을 자야 할까〉(p.59)에는 수면 연구자들이 개발한 수면 만족도 설문지가 소개되어 있었습니다. 주소를 입력하고 누르니, 아래의 표가 나왔습니다. 저는 다운로드 받아서 해석했습니다. 그리고 가끔씩 제 수면을 점검하는 데 사용하고 있습니다. 세이티드(SATED)라고 하는데, 문항이 다섯 개밖에 안 되고 점검하기도 수월합니다.

여러분의 어젯밤 수면만족도 점수는 얼마입니까?

다음 페이지에 실린 '수면 만족도 검사지'를 출력하시거나 핸드폰에 저장하여 두시고, **숙면을 취한 날과 그렇지 못한 날의 수면점수를 비교해보셨으면 좋겠습니다.** 자신의 수면건강 상태를 알고 접근하신다면, 여러분은 꿀잠습관 기르기에 한걸음 더 가까워진 것입니다.

		Rarely/ Never (0)	Sometimes (1)	Usually/ Always (2)
Satisfaction	Are you satisfied with your sleep?			
Alertness	Do you stay awake all day without dozing?			
Timing	Are you asleep (or trying to sleep) between 2:00 a.m. and 4:00 a.m.?			
Efficiency	Do you spend less than 30 minutes awake at night? (This includes the time it takes to fall asleep and awakenings from sleep.)			
Duration	Do you sleep between 6 and 8 hours per day?			
	Total for all for items ranges from 0-10			

0=Poor Sleep Health ←——————————————→ Good Sleep Health=10

수면 만족도 검사지

(번역: 조아라 꿀잠메신저)

질 문		전혀 아니다 아주 드물다 (0점)	때때로 그렇다 보통이다 (1점)	자주 그렇다 항상 그렇다 (2점)
만족도	당신은 당신의 수면에 만족합니까?			
각성도 (깨어있는 정도, 정신이 초롱초롱한 정도)	당신은 깜빡 조는 일 없이 하루종일 깨어있습니까?			
타이밍 (행동의 효과가 가장 크게 나타나도록 적당한 시간을 포착하는 기술)	당신은 새벽 2시에서 새벽 4시 사이에 잠들어 있거나, 자려고 노력합니까?			
효율성 (효과적인 수면)	당신은 밤 중에 30분 안쪽으로만 깨어서 시간을 보냅니까? (밤중에 깼을 때 30분내로 다시 잠듭니까?)			
수면의 지속기간	당신은 하루에 6시간에서 8시간 동안 잠을 잡니까?			
나의 수면 점수	총점 (0~10점)			

꿀잠 프로젝트를 시작한 이유

    교육행정직으로 일하면서 도교육청에서 보내준 보도자료를 볼 기회가 가끔 있었다. 그러던 중에 우리나라 초·중·고교생들의 수면시간을 조사하여 보도한 신문 기사가 있어서 정독해서 읽고 스크랩도 했다. 조사 및 통계결과, 학생들의 평균 수면 시간은 7시간 18분이었고, 고등학생의 주중 평균 수면시간은 6시간 3분이라고 밝히고 있었다. 그 시간 자체는 별로 놀라운 것은 아니었다. 나 스스로 학창시절을 보내며, 늦게 자고 겨우 일어나며 수면 부족을 겪어왔기 때문이다.

    나는 기사 중간의 분석내용이 계속 머릿속에 남았다. 아래 내용이었다.

조사를 담당한 임희진 선임연구위원은,

"경제 수준이 상·중에 해당하는 청소년은 주로 공부와 숙제 때문에 충분히 잠을 자지 못했지만 하에 해당하는 청소년은 수면 부족 이유로 인터넷 이용을 꼽았다"며 **"경제 수준이 낮은 가정일수록 청소년 관리가 잘 이뤄지지 않고 있는 것으로 추정된다"**고 말했다.

-2020년 8월 4일 [서울신문] 사회 10면 기사

나는 스마트폰을 학습의 도구로 사용하는 데 적절한 교육이 필요하다고 주장하는 사람이다. 기사에서는 우려되는 사회 현상을 말하고 있었다. 경제 수준이 낮은 가정일수록 청소년들이 미디어에 더 많이 노출되고, 청소년들에 대한 돌봄, 관리가 잘 이뤄지지 않아 수면이 부족하다는 이야기였다. 결론적으로, 수면 문제로 인해 빈부 격차가 더 심화될 수 있다는 말이다.

이런 반응을 하는 내가 과하다고 생각할지도 모른다. 하지만 나는 한창 사춘기를 겪고 있는 중학생 아이들과 3년 반 동안 함께했다. 그 아이들 대부분이 스마트폰을 가지고 있었고, 밤 늦게까지 사용하거나 컴퓨터를 했다.

내가 담임교사였을 때의 일이다. 우리 반 아이가 며칠째 너무 피곤해하고 힘들어 보여서 무슨 일인지 물어보았다. 밤에 SNS로 온라인 친구와 연락을 주고받느라 잠을 못잔 것이었다. 그 아이만을 나무랄 수도, 온라인 친구를 무조건 비난할 수도 없었다. 내가 걱정하는 부분을 아이에게 말하고, 부모님께 전화 상담을 드렸다. 아이가 충분히 잘 수 있도록 가정에서 함께 지켜봐주고 돕기로 이야기를 나누었다.

많은 사춘기 아이들이 온라인 SNS로 인해 상처를 입고, 잠 못 이루는 일이 많을 것이라는 생각이 들었다. 그리고, 나를 포함한 우리 어른들도 너무나 불규칙하게 잠을 자고, 몸을 너무나 혹사시킨다는 생각이 들었다. 나는 육퇴를 하고, 잠이 들지 않고 깨어있는 밤이면, 자유시간을 만끽하려고 TV를 보거나 컴퓨터를 했다. 그러다 어떤 때는 밤을 새우기도 했다.

수면습관을 변화시키려면 계기가 필요하다고 생각한다. 나는 두 아이를 낳고 키우며, 나만의 시간인 아침(또는 새벽) 시간을 확보하기 위해 규칙적으로 자게 된 케이스였다.

또, 김경일 교수의 세바시 영상을 보고, 그분의 조언에 따라 수면을 기록하기 시작했다. 그러던 차에, '카카오프로젝트100 파트너 매니저' 모집글을 보았다. '사회변화' 분야에 '숙면 습관 기르기'도 해당이 되겠다는 생각이 들었다. 나는 곧바로 행동에 옮겨서 지원서를 썼다. '나만의 잠 시간 찾기'라는 제목으로 지원했다. 수면을 기록하여 각자 자신만의 최적인 잠시간을 찾자는 의도였다.

사람들이 제목만 보고도 어떤 프로젝트인지 쉽게 알 수 있게, '매일 수면 기록으로 나만의 수면 건강 찾기'로 제목을 수정했다. 생각보다 모집이 잘 안 되어 아쉬웠다. 하지만, 참여하는 사람들이 수면 기록을 통해 잠의 중요성을 깨닫는 게 중요하다고 믿었다.

나는 내가 가르쳤던 아이 두 명에게 연락하여 참여를 권했다. 영문도 모르고 그냥 수학선생님이 해보라니까 응해준 두 아이가 고마웠다. 그렇게 28명의 참여자로 첫 수면기록 프로젝트 100일이 시작되었다. 시작을 했다는 것이 중요했다. 나는 그렇게 100일씩 세 번의 시즌을 이끌었다.

함께 해주신 모든 분들께 감사하다.

나는 티스토리 블로그를 개인 기록의 차원에서 시작했다. 그리고 좀더 실제적으로 사람들에 수면습관에 기여하고 싶은 마음이 들었다. 블로그도 확장하고 싶은 마음이 들었다. 나는 2021년 11월에 네이버 블로그 닉네임을 '꿀잠 메신저'로 짓고 활동을 시작했다. 1인기업가가 되기 위한 첫걸음을 내딛었다. 오늘도 배우고 성장할 수 있어 즐겁다.

언제부터 책을 읽는 게 재미있었을까?

〈아홉 살 독서 수업〉을 쓰신 한미화 작가는 사람들을 만나면 "언제부터 책을 읽는 게 재미있었어요?"라는 질문을 하고 다녔다고 한다. 나에게도 이렇게 질문해보았다.

"나는 언제부터 책을 읽는 게 재밌었을까?"

아빠는 은행에서 일하셨고, 엄마는 학교 급식 조리사로 일하셨다. 부모님이 책을 읽는 모습은 많이 보지 못하고 자랐다. 주말에 우리 가족 네 식구는 할아버지 할머니의 농사를 돕기 위해 시골에 가는 게 일상이었다. 물론, 오빠와 나는 어렸으니 포도밭과 도랑 등에서 노는 게 일과였다. 부모님이 큰맘먹고 우리 공부하라며 사주셨던 백과사전 전집이 있었다. 오빠는 인명사전만 읽곤 했고, 나는 그마저도 별 흥미가 없었던 기억이 난다. 생각해보니 다른 동화전집도 있었는데, 그 책을 거의 다 읽었고, 초등학교 고학년쯤 되었으니 동화책을 처분하고 대신 백과사전으로 바꾸셨던 것 같다.

그런데 어느 날, 〈명탐정 호움즈〉라는 책을 만났다. 그리고 이어서 〈괴도 루팡〉도 읽었다. 이 책을 아는 분들이 있을 것이다. 이 책을 어떻게 읽게 되었는지는 기억이 흐릿하다. 엄마가 얻어서 주신 것 같기도 하고, 몇 권은 할아버지댁 골방에서 내가 찾은 것 같기도 하다. 그래서 작년에 할아버지댁의 그 골방에 가면 그 책이 있을 것만 같아서 다시 가보았는데 없어서 너무나 아쉬웠다.

구글 검색해서 찾았더니 바로 사진이 나왔다. 바로 이 책이다! 표지만 보아도 마음이 설렌다.

2019년 남춘천역 근처, '아직 숨은 헌책방'이라는 곳에서 이 책 시리즈가 몇 권 있는 것을 보고 얼마나 기뻤는지 모른다. 사고 싶은 마음이 들어서 여쭤보니 팔린 것이라고 하셔서 마음을 접었다. 혹시나 다른 책은 없는지 여쭤봤다면, 한두 권만이라도 살 수 있는지 더 적극적으로 여쭤보지 못한 것이 아쉬움으로 남는다.

나는 내가 책을 좋아하니까, 우리 아이들도 책을 좋아했으면, 하는 마음이 있다. 그래서 첫째가 아홉 살이 된 시점에, 〈아홉살 독서 수업〉 책을 읽으며 조언을 구하고 싶었다. 한미화 작가는 '어떻게 해야 책을 좋아하는 아이로 자랄까'라는 꼭지에서 이렇게 말한다.

> 책을 좋아하게 된 시작이야 어떻든 공통점은 결핍, 주변의 책 읽는 사람 그리고 자발성이었다. 엄마가 책을 읽으라고 닦달해서 마지못해 읽다 보니 책벌레가 되었다는 사람은 지금까지 한 명도 만나지 못했다.
>
> – 한미화,《아홉 살 독서 수업》,어크로스, 23쪽

책을 읽고 마음이 놓였다. 무언가 특별하게 많이 해줄 필요는 없겠구나. 내가 책 읽는 모습을 보여주고, 아이가 읽어달라는 책

을 신나게 읽어주고, 서로 재밌는 점을 이야기하고, 그냥 책을 도구 삼아 같이 놀면 되겠구나 하는 생각이 들었다.

나는 네이버 카페 '그림책 읽어주는 엄마'의 회원이 된 후 욕심이 커졌다. 아이들에게 책을 많이 읽어주고, 책놀이도 하고, 기록도 하는 엄마가 되고 싶었다. 멤버님들이 아이들과 책 읽기를 즐기고, 함께 놀고, 그림 그리기, 만들기 등을 하는 모습에 감탄이 나오고 부러웠다. 하지만, 똑같이 따라 하기는 어렵기에 부담감은 내려놓기로 했다. 그냥 아이들과 책을 즐겁게 읽고, 책을 가지고 놀고, 독서노트 등으로 기록을 해보아야겠다고 다짐했다. 우리 가족에게 맞는 방법, 즐거운 방법을 찾아서 꾸준히 하면 되겠다는 생각이 든다.

'그림책 읽어주는 엄마'의 북마미님들과 추억이 있다. 2017~2018년, 무려 1년 3개월 동안, 두꺼운 책 읽기 모임(일명 '토지 두꺼비)로 〈토지〉 20권을 함께 완독한 것이다. 일주일씩 정해진 분량을 읽고, 돌아가며 발제글을 올리고, 그 게시글에 자신이 밑줄 그은 부분을 댓글로 다는 방법이었다. 우리는 2018년 봄에 통영에서 모여 토지문학관과 편백나무 숲에도 가고, 토지 졸업식도 함께 하며 즐거운 시간을 보냈다. 너무나 감사하고 행복한 시간이었다. 책으로 할 수 있는 것은 참 많다. 혼자 읽어도 즐겁고, 함께 읽어도 즐겁다. 책으로 연결된 사람들과 만나 느낌과 생각을 나누는 것은 언제나 새롭고 의미 있다.

2021년 여름에 나는 갑상선암 수술을 받느라 한 달 병가를 냈다. 수술 후 회복하는 시간에 무엇보다 책을 신나게 읽을 수 있어서 행복했다. 나는 대하소설 〈아리랑〉을 완독했고, 습관에 관한 책도 읽었다. 책을 통해 얻을 수 있는 것은 참 많다. 작가의 이야기를 통해 간접 체험을 하고, 지식을 얻고, 지혜를 얻는다. 관점이 넓어지고 나의 세상이 넓어진다.

내가 강조하고 싶은 것은 '책은 재미있다'는 것이다. 책을 통해 다른 사람의 생각을 들어보는 것은 재밌는 일이다. 나는 너무 재밌어서 책을 읽는다. '독서가 재밌다니. 어려운 수면과학 책도 재밌다니!'라고 이해할 수 없다며 고개를 젓는 사람도 있을 것이다. 하지만 나중에 자신과 잘 통하는 책, 재밌는 책을 만나면 내 말을 공감할 것이다. 소설, 시를 좋아하는 사람, 나처럼 과학 분야 책을 좋아하는 사람, 에세이, 만화를 좋아하는 사람도 있을 것이다. 꼭 당신만의 '재미있는' 책을 찾길 바란다!

그리고 책 읽기가 어렵다면, 정말 얇고 접근하기 좋은 책으로 시작하면 좋겠다. 나는 모든 사람들이 수면과학과 식습관에 관한 책을 읽으면 좋겠다. 하지만 의무적으로 읽으면 재미가 없다. 지식정보 분야의 책을 보고 싶다면, 자신의 '호기심'에서 출발하기를 바란다. 과학자들도, 작가들도 세상에 대한 '호기심'으로 그 여정을 시작했다.

이 글을 읽는 여러분도 자신의 몸에 대한 호기심, 수면과 건강에 대한 호기심으로 시작해서 이 책을 펼쳐 들었을 것이다. 너무나 감사하다. 이제 시작이다. 스스로 숙면 습관을 기르기로 결정하고, 하나씩 꾸준히 실행하길 바란다.

호기심으로 출발하여 자신의 건강 습관도 기르고, 책을 통해 더 넓은 세상을 체험하고 성장할 수 있기를 진심으로 바란다. 나는 여러분이 점점 더 몸과 마음이 건강해지고 성장해 나갈 거라고 확신한다. 내가 바로 독서와 실행을 통해 조금씩 성장하고 있기 때문이다.

꿀잠꿀팁 3.

우리는 매일 렘수면과 비렘수면을
모두 충분히 자야 합니다.

꿀팁!

1. 렘수면은 꿈꾸는 수면, 비렘수면은 꿈을 꾸지 않는 깊은 수면
   입니다. 몇 시에 자야 깊은 잠을 충분히 자는지 점검해봅시다.
   일주일만 수면기록에 도전해보세요!

2. 나는 아침 몇 시에 일어날 때 가장 개운하게 일어날 수 있는지
   점검해봅시다. 일주일의 수면기록에 수면 만족도(특히, 기상할
   때 개운한 정도)를 꼭 적어보세요!

3. 스스로 매일 질문을 던져보세요! "매일 밤 렘수면과 비렘수면
   이 충분한 걸까?" 그리고, 수면이 부족했더라도 하루를 열심
   히 살아준 나에게 고맙다고 소리내어 말해봅시다. "○○야, 고
   마워. 내 몸 고마워."

꿀잠! 수면과학

우리는 과학적 지식을 얼마나 활용할까요? 우리는 과학을 필수과목으로 배우며 자랍니다.

하지만, 우리는 얼마나 '과학적'으로 판단하며 살아갈까요? 저는 많은 사람들이 '비과학적으로' 판단하며 음식을 먹고, 잠을 자고, 술과 커피 등을 섭취하며 살아간다고 생각합니다.

특히, 잠에 대해서 그렇다고 생각합니다. 우리는 과학을 신봉하지만, 실생활에서는 과학적으로 접근하지 않고 그때그때 기분과 상황에 따라서만 대처하며 살아갑니다. 필자인 제가 그랬습니다. 되는 대로 자고, 때때로 밤샘을 하고, 제 몸을 돌보지 않고 생활하여 갑상선암 환자가 된 것입니다. 다행히, 잠의 중요성을 깨닫고 숙면습관을 기르고 있기에 이제는 건강하게 살 수 있다고 확신합니다.

저는 초등학교 3학년 때부터 과학을 좋아했습니다. 이렇게 10살부터라고 기억하는 이유가 있습니다. 성당 주일학교에서 타임캡슐을 만드는 시간이 있었습니다. 저는 '훌륭한 과학자'라고 적어서 친구들, 선생님들과 함께 캡슐을 성당 마당에 묻었습니다.

저는 제 꿈이었던 과학자는 안 되었지만, 절반의 성공을 했음을 깨닫습니다. 현재 '일간닥터 김시효'에서 수면건강 칼럼을 연재하는 칼럼니스트가 된 것이 제겐 큰 성취이고 행복입니다.

수면 과학에서 가장 중요한 발견인 잠의 두 종류 '렘수면'과 '비렘수면'에 대해 알려드리겠습니다.

1951년, 박사과정이었던 유진 애서린스키(Eugene Aserinsky)는 잠든 사람의 눈꺼풀 밑으로 눈동자가 빠르게 움직이는 것을 발견했습니다. 나중에 피실험자가 깨어나서 생생한 꿈을 꿨음을 말했습니다. 계속해서 실험하고 연구했던 애서린스키는 이를 급속 안구운동(Rapid Eye Movement)를 수반한다는 점에서 렘수면(REM sleep)이라고 이름 붙이고 클라이트먼 교수와 함께 연구한 내용을 1953년 학술지에 발표하게 됩니다.

이렇게 렘수면일 때는 뇌의 활동이 활발하다는 것을 증명할 수 있었습니다. 반대로 빠르지 않은 눈 운동, 즉 비렘수면(NREM: Non-Rapid Eye Movement)에서는 뇌활성이 활발하지 않았습니다.

그 뒤로 비렘수면은 더 세분되었고, 지금은 네 단계로 나누고 있습니다. 잠이 깊어지는 정도에 따라서 1~4단계로 나뉘어 이름 붙여졌습니다. 따라서 비렘수면 중 3단계와 4단계가 가장 깊이 잠드는 때입니다. 깊이는 비렘수면 1~2단계에 비해, 3~4단계가 깨우기 더 어렵다는 것으로 정의됩니다. 연구자들은 잠의 이 두 단계, 렘수면과 비렘수면이 잠자는 내내 꽤 규칙적으로 되풀이되어 나타난다는 것을 관찰했습니다.

잠의 구조를 살펴보면 사람마다 그래프의 구체적인 모양은 다를 수 있지만, 이렇게 렘수면과 비렘수면이 반복되는 주기를 매일 밤 4~5번 정도 거친다는 것을 알 수가 있습니다.

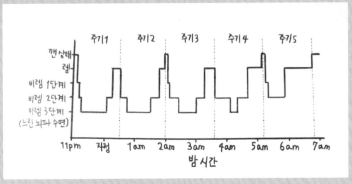

— 매슈 워커, 《우리는 왜 잠을 자야 할까》, 열린책들, 09쪽

정리해보겠습니다. 렘수면과 비렘수면은 우리에게 둘 다 꼭 필요한 잠입니다. 우리는 잠이 들면, 처음에는 비렘수면이 주도하는 잠을 자고, 아침이 가까워질 무렵에 렘수면이 주도하는 잠을 잔다고 합니다. 90분 주기로 비렘수면과 렘수면을 왔다 갔다 합니다.

그래프를 보시면, 매 주기마다 렘수면이 조금씩 있다가 새벽

5~6시 무렵, 후반부에 길게 이어집니다. 따라서, 이렇게 렘수면일 때 깨어나게 되면 개운하게 일어날 수 있고, 비렘수면일 때 일어나면 기상하기가 어렵다고 합니다.

수면과학은 알아두면 참 좋은 실용과학입니다. '나는 언제 잠자리에 들면 숙면을 취할 수 있을까?' '몇 시에 일어나면 개운하게 일어날 수 있을까?' 등의 질문을 던지며 점검해보시기 바랍니다. 꿀잠습관은 스스로 수면패턴을 파악하고 관리하는 것에서 출발합니다.

자기 관리는 수면 관리부터 시작합시다

　　나는 평소 저녁에 집중이 잘 되기에 올빼미형이라고 생각했다. 하지만 이젠 수면을 매일 기록하고, 내 수면을 관리할 수 있게 되면서 아침형 인간이 되었다.

　　나는 단순하게 사는 사람들을 존경한다. 〈숙면의 모든 것〉과 〈스탠퍼드식 최고의 수면법〉을 쓴 니시노 세이지 교수님을 멘토로 삼았다. 그분의 책 내용도 너무나 좋았고, 그분의 생활 패턴과 마인드를 닮고 싶어서 자기 관리 멘토로 모시기로 했다. 저자의 생활 패턴은 이렇게 요약된다.

　　내 평소 생활은 지극히 단순하다.

　　밤 10시쯤 자서 아침 5시경에 일어난다.

나는 따라쟁이가 되기로 했다. 취침은 10시까지 잠자리에 눕기, 기상은 새벽 5시로 정하고 실천하고 있다. 꾸준히 실천하면서, 6~7시간 수면과 5시 새벽 기상을 내 평생 습관으로 만들겠다. 나는 이렇게 숙면 습관과 새벽 기상을 내 평생의 핵심 습관으로 만들어가는 과정이 행복하고 감사하다.

하루에 몇 시간 자면 나에게 적당한 잠인지 고민하는 사람들을 위해 수면 과학자들의 잠시간을 참고해보길 권한다. 매슈 워커는 8시간을, 니시노 세이지는 7시간을 꼭 지킨다고 한다.

그리고 〈잠의 즐거움〉의 저자 사토 도미오는 의료인이자 교수로 활동하는 분이신데, 5~6시간 수면을 유지하고 있다고 말한다. 이분은 5시간 수면으로 충족이 되는, 유전적으로 단시간 수면자일 것 같다는 생각이 들고, 부럽기도 하다.

하지만, 딱 그만큼 부러움만 느끼고 무작정 따라 하려고 하지는 않겠다. 그분과 나는 다르고, 내 몸에 필요한 잠은 내가 가장 잘 알기 때문이다. 나는 최소 6시간은 자야 낮에 졸지 않고 초롱초롱하게 깨어있을 수 있다. 그렇다 해도 일주일에 한 두 번은 7~8시간 정도 자야 쌓였던 수면 부족을 갚을 수 있는 것 같다.

사토 도미오 작가는 자신의 적절한 수면시간을 찾는 것이 중요하고, 더 중요한 것은 자기만의 수면 리듬을 만들어 유지하는 것이 핵심이라고 말한다. 우리는 신비로운 우리 몸이라는 오케스트라를 총괄하는 지휘자이다. 인생을 건강하고 아름답게 만들어 가는 것은 조화로운 음악을 연주하는 것과 같다. 지휘자의 재량에 따라 다르다. 우리는 자신만의 생활 패턴과 수면 패턴을 찾아서 아름답게 연주해 나갈 수 있다.

"나는 잠을 잘 자."

"머리만 대면 잠잘 수 있어."

라고 말하는 사람들이 많다. 나도 그랬다. 하지만, 〈숙면의 모든 것〉을 쓴 니시노 세이지 교수는 위와 같이 생각하는 사람 중에는 사실 수면 부채가 지나치게 쌓여서 뇌가 피로한 상태인 경우도 있다고 말한다. 자신에게 맞는 수면시간과 수면패턴을 찾는 것이 중요하다. 나는 우리 모두가 자신에게 맞는 수면시간이 있다고 믿는다. 수면 기록을 통해 자신만의 최적의 잠 시간을 찾기를 바란다. 그리고 건강한 수면패턴을 유지하는 방법을 찾고 습관으로 만드는 것이 필요하다.

매일 일정하고 충분한 숙면을 취하는 '양질의 수면'은 노력을 통해서만 얻을 수 있다고 수면 과학자들은 말한다. 수면의 중요성을 깨닫더라도 수면 패턴을 바꾸는 것은 아주 어렵다. 그러므로 꾸준히 노력하고 실천해야 한다.

꿀잠메신저인 내가 꿀잠습관을 만들기 위해 어떤 실천을 해왔는지 구체적인 방법들을 2부에서 안내해드리겠다. 잠의 중요성을 깨달았으니 실전이다! 꼭 여러분 각자에게 맞게 적용하여, 질 높은 수면을 충분히 취할 수 있기를 간절히 바란다.

꿀잠꿀팁 4.
잠든 후 90분을 깊이 자는 것이 수면의 골든타임

꿀팁!

1. 자신만의 수면의 골든타임을 찾아내 봅시다! 저는 요즘에는 11시 이후에 자면 깊은 잠을 덜 자서 피곤한 느낌을 받습니다. 저는 10시~12시 사이에 90분 정도의 골든타임을 꼭 지키기로 다짐합니다. 여러분도 수면을 기록하며 자신만의 골든타임을 찾아보세요!

2. 꿀잠꿀팁 1의 "나는 몇 시간 자면 지혜롭게 하루를 보낼 수 있는 사람인가요?" 질문에 답해보셨나요? 그렇다면, 하루 몇 시간 자기로 결심하셨나요?

3. 기상시간을 "○시~○시 사이에 일어나겠다"고 정해봅시다. 그 후에, 취침시간을 "○시~○시 사이에 자겠다"고 정해봅시다.

꿀잠! 수면과학

앞에서 렘수면과 비렘수면에 대해 알려드렸습니다. 렘수면에서는 꿈을 꾸기 때문에 '꿈수면'이라고도 합니다. 뇌는 활성화가 되고(기억을 정리하는 활동 등을 합니다), 신체는 휴식을 취하는 잠이라고 합니다. 반면에, 비렘수면은 꿈을 꾸지 않는 수면으로 뇌와 신체가 둘 다 휴식을 취하는 잠이라고 볼 수 있습니다.

렘수면과 비렘수면은 우리에게 둘 다 꼭 필요한 잠입니다. 우리는 잠이 들면, 처음에는 비렘수면이 주도하는 잠을 자고, 아침이 가까워질 무렵에 렘수면이 주도하는 잠을 잔다고 합니다.

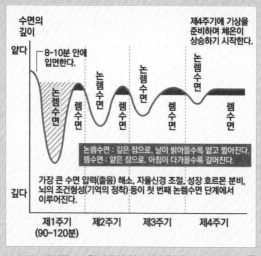

－니시노 세이지, 《스탠퍼드식 최고의 수면법》, 북라이프, 94쪽

그래프를 보시면, 수면의 깊이가 깊어졌다가 얕아졌다가를 반복하는 것을 알 수 있습니다.

비렘수면이 얕은 잠이고, 비렘수면이 깊은 잠입니다. 이렇게 오르락내리락하는 패턴이 4~5회 반복되는데, 그중에서 첫 번째 비렘수면이 가장 깊이 내려가 있는 것이 보이십니까? 가로축이 시간의 흐름입니다. 제1주기의 시작은 이제 막 잠이 든 시간을 말합니다. 그러므로, 잠든 후 90분을 깊이 자는 것이 수면의 골든타임이라고 말합니다. 이 90분이라는 시간은 사람들의 신체, 컨디션, 수면 패턴에 따라 달라집니다.

그러면, 이 수면의 골든타임을 잘 활용하여 수면의 질을 높이려면 어떻게 해야할까요?

바로, 자신의 수면패턴을 규칙적으로 만드는 것입니다. 첫 '꿀잠꿀팁'에서도 강조한 내용입니다. 수면시간이 자주 바뀌고, 입면시간(잠드는 시간)이 자주 바뀐다면, 우리 몸도 적응하지 못하고 깊은 수면을 취하는 것이 어렵게 될 것입니다. 스스로 자기로 정한 시간에 잘 수 있도록 지속적 노력이 필요하겠습니다.

코로나 팬데믹으로 인해, 건강에 관한 관심이 많이 높아졌습니다. 저는 걱정과 불안보다는, 우리 몸에 대한 '호기심'에서 출발하는 것이 훨씬 좋다고 믿습니다. 수면 과학 지식을 하나씩 배워 여러분의 수면 생활에 적용해보시기 바랍니다. 우리 모두는 숙면 습관을 만들어 유지할 수 있습니다.

PART 2

수면 기록이
답이다

누구나 실천할 수 있는 수면 기록으로
꿀잠 습관 기르기

확언 쓰기를 시작하다

2019년, 나는 확언 쓰기를 알게 되었다. 내가 가장 간절히 이루고 싶은 것을 확언 문장으로 만들어 매일 100번씩 쓰기를 시작했다. 춘천 한살림에서 공감대화 모임을 하던 지인들과 함께 실행했다.

확언 쓰기를 처음 알게 된 건 지인을 통해서였다. 스노우폭스 그룹 김승호 회장의 책 〈생각의 비밀〉에 나와 있는 "매일 100번씩 100일간 상상하고, 쓰고, 외쳐라"를 실천하는 것이었다. 그때는 세계적인 도시락 기업 회장인 김승호 회장의 이야기가 너무도 궁금해 책부터 읽고 싶었다. 〈김밥파는 CEO〉라는 책을 포함한 여러 책들이 궁금하긴 했지만, 일단 따라 하고 보자는 마음에 '확언 쓰기'부터 무작정 시작했다. 그분의 유튜브 강연 영상을 찾아보니, 자신의 경험을 들려주시는 자신감 있는 모습에서 무척 신뢰가 갔다. 그때부터 나는 매일 상상하고, 확언을 쓰고, 외치는 사람이 되었다.

내가 쓰는 확언은 자주 바뀌었다. '매일 일기 쓰기, 한 달에 100만 원 모으기.' 욕심 많은 나는 처음에 이렇게 두 가지 바람이 있어서 한동안 위 문장을 100번씩 썼다. 휴직 중이라 100만 원 모으는 것은 무리이고 내 간절함도 덜해서, '가계부 쓰기'로 바꾸어서 또 썼다. 〈내가 먹는 것이 바로 나〉라는 식생활에 관한 책을 읽고, '내가 먹는 것이 나를 만든다'라고 100번 쓰면서 마음을 다졌다. 〈어느 채식의사의 고백〉을 읽고 '녹말음식 채소 요리 배우기'라고 쓰기도 했다.

6시간을 채 안자고 올빼미 생활한 나를 다잡으며, '6시간 꼭 자기, 나의 하루는 18시간'이라고 100번 쓴 날도 있었다. 이 글을 쓰며, 나의 지난 확언 쓰기 노트를 보니 새삼 나를 돌아볼 수 있고 나의 성장 과정에 미소도 지어진다. 내가 확언 쓰기를 한 이유는 일기 쓰기, 가계부 쓰기, 채식하기 등의 좋은 습관을 기르고 싶어서였다. 그리고 부자가 되고 싶고, 아이를 잘 키우고 싶어서였다.

블로그를 시작했던 2020년 초에는 확언으로 '나는 매일 쓰는

사람이다'를 썼다. 2020년 3월부터 주말부부를 다시 시작하게
되어 힘내고 싶은 마음에, '함께 놀 때 재밌는 엄마'라고 쓰기도
했다.

2020년 봄부터 새 직장에서 일을 시작했다. 주말부부가 되고
워킹맘이 되자 몸과 마음이 더 바빠져서 100번이라는 횟수보다
매일 쓴다는 것에 초점을 두기로 했다. 그래서 노트 한 페이지를
쓰되, 확언은 10번~20번 쓰고, 감사일기를 썼다.

2020년 8월 20일 확언은, '나는 나만의 잠 시간을 아는 사람
이다'라고 적었다. 일주일 뒤엔, '밤 12시 이전 취침과 5~7시 기상
으로 여유로운 아침을 맞이한다'라고 적었다. 또 열흘 뒤인 9월 6
일에는, '나는 10~11시에 자고 아침 5~6시에 일어나 확언 쓰기
를 하는 사람이다. 7시간 꿀잠'이라고 적었다. 점점 취침시간이
밤 11시 이전으로 당겨지고, 기상시간도 당겨지는 것을 알 수 있
다. 말로만 취침시간과 기상시간을 적어놓고 안 지킬까봐 일부러
10~11시, 5~6시 이렇게 이 시간 안에는 꼭 자고 일어나게끔, 1시
간의 여유를 두어 설정했다.

나는 이렇게 구체적인 취침과 기상시간, 수면시간을 설정하

고, 아침 루틴을 실행하는 것을 확언으로 썼고 매일 실행해 나갔다. 올빼미였던 내가 점점 규칙적으로 변해갔고 새벽 6시 기상이 자연스러워졌다.

아침형 인간은 남의 얘기로만 생각했다. 새벽 5시에 자연스럽게 일어나서 일기와 확언도 쓰고 여유 있게 아침을 준비한다는 지인이 대단해 보이고 부러웠다. 어떻게 자유로운 밤시간을 포기할 수 있는지 궁금했다. 어떻게 야식과 술의 즐거움을 포기할 수 있을지 엄두가 나지 않았다.

하지만, 1년 동안 꾸준히 수면을 기록하며 나는 아침형 인간이 되었다. 그리고 여러 사람들의 숙면 습관 만들기를 돕는 꿀잠 메신저가 되었다. 여러분도 할 수 있다. 수면기록이 답이다.

달력과 초등 일기장에서 시작하기

나는 확언 쓰기 노트로 사용하는 초등 줄노트에 'ㅇ월 ㅇ일 수면기록'이라고 쓰고 취침시간, 기상시간, 총 수면시간, 만족도 점수를 기록하는 것으로 수면기록을 시작했다. 지금도 이렇게 하고 있다. 그리고 노트 사진을 찍고 미피트 앱과 슬립타운 앱 스크린 샷도 찍어서 매일 블로그에 '습관일기'라는 이름으로 포스팅도 하고 있다.

나는 처음 수면 기록을 하시는 분들에게, 첫 번째 방법으로 초등일기장에 수면 기록을 해보시길 권한다. 꼭 일기장이 아니어도 된다. 고학년 초등 줄노트이면 된다.

초등 노트를 권하는 가장 큰 이유는 저렴하고 들고 다니기 가벼워서이다. 그러므로 꼭 초등 노트가 아니어도 가벼운 노트면 좋다. 한 권을 다 채우는 성취감을 느껴볼 수 있다.

아침에 일어나서, 어제 잠자리에 누운 시간을 '취침 시간'으로 적는다. 전날 밤에 캡처해놓은 사진을 이용해도 좋다. 그리고 오늘 아침에 일어난 시간을 '기상 시간'으로 적는다. 세 번째 줄에 수면 시간을 계산해서 적는다. 수면 시간을 적을 때 좀 귀찮긴 하지만 매일 하다 보면 익숙해진다. 내가 얼마나 잤는지 궁금증을 해소하고 '나 꽤 숙면 취했구나' 하는 만족감도 느낄 수 있다. 나는 네 번째 줄에, '미밴드 수면 점수'를 적는다. 다른 꼭지에서 스마트 워치인 미밴드에 대한 안내를 하겠다.

다섯 번째 줄에는 '나의 수면 만족도'를 적는다. 순전히, 나에 대한, 나를 위한, 나의 잠에 대한 기분 점수이다. 그러니, 적게 자도 숙면을 취하고 상쾌하게 일어났다면 9점 이상을 줄 수 있다. 많이 잤어도 점수가 낮을 수도 있다. 10점 만점으로 하여 점수를 주는 것이 좋다.

이렇게 수면 기록을 적은 후에, 한 페이지를 다 채우고 싶다면 '감사일기'를 써보길 바란다. 처음엔 '감사한 일 세 가지만 적어야지!' 라고 마음먹고 딱 세 줄만 써본다. 감사일기가 습관이 되고 매일 쓸수록, 감사할 일이 더 많아지고 더 쓰고 싶은 마음이 샘솟을 것이다. 물론 너무 지치고 힘든 날엔 감사일기 조차도 숙제가 될 수도 있다. 하지만, 그런 날에도 "감사일기장이 있어서 감사합니다" "볼펜이 있어서 감사합니다" 등의 작은 감사도 찾아서 쓰면 좋겠다.

그래도 공간이 남는다면? 무언가 더 쓰고 싶다면? 그렇다면 확언 쓰기도 추천한다. 매일 나만의 확언을 10번씩만 마음을 담아서 써도 효과가 있다. 한 문장을 정해 똑같이 10번을 써도 좋고, 서로 다른 문장 10개를 적어보아도 좋다. 매일 똑같은 문장을 한 달 내내 써도 좋고, 어제와 다른 오늘의 문장을 찾아서 써도 좋다. 무엇을 쓰든 내 마음이다. 예를 들어, "나는 매일 걷기 30분을 하는 사람이다" "나는 1년에 책 50권을 읽는 사람이다"와 같이 확언을 정해서 쓸 수 있다. 내가 좋아하는 명언이나 책 속의 한 문장을 써도 좋다.

나는 초등 일기장을 채워 표지에, 꿀메의 습관일기 1권, 2권, 3권… 이렇게 제목을 붙여 완성해 나갈 때 행복하다. 여러분도 한 권을 다 채운다면 분명 2권을 쓰게 될 것이고, 나만의 감사일기, 확언 쓰기, 수면 기록을 쌓아가며 자신의 역사를 기록해 나가게 될 것이다.

두 번째 방법은 달력을 이용하는 방법이다. 탁상 달력이든 벽걸이 달력이든 다이어리든 상관없다. 꾸준히 쓸 수 있는 나만의 달력이면 된다. 나는 제일 처음 달력 하나에 내 수면 시간과 우리 집 은남매의 수면 시간까지 적으려고 했는데, 하다가 그만두게 되었다. 그래서 확언 쓰기 노트에 수면 기록을 쓰는 것으로 정착했다.

일단 나 자신의 수면 시간을 관리하는 것이 먼저다. 부모인 우리 자신이 잘 자면 우리 자녀들도 잘 잔다. 자녀들이 어릴수록 부모의 영향이 매우 크다고 생각한다. 우리 은남매는 초1, 초3으로 저학년이라 나와 남편의 영향이 곧바로 직결됨을 느낀다. 지금은 엄마가 수면을 기록하고 건강 습관을 실천하는 모습에 아이들도 잠의 중요성을 느끼고 따라 하고 있다. 아이들이 더 자라고 독립적이 되면 아이들 스스로가 규칙적인 수면습관을 갖게끔 응원해주고 도와주어야 할 것 같다. 우리 가족이 함께 세운 저녁 루틴대로 8시에는 잘 준비를 시작한다. 그리고 부모인 우리가 책을 읽어주고 서로 마사지도 조금 해주고 9시쯤엔 잠자리에 든다. 아이들이 너무나 고맙고 사랑스럽다.

2022년 1월부터 달력에도 수면기록을 하기 시작했다. 노트에 적은 수면 기록을 다시 한번 반복해서 적는 것이니 어렵지 않다. 내가 조금 더 손품(?!)을 팔아서, 많은 사람들이 달력을 이렇게 효율적으로 이용하며 수면을 관리할 수 있다면 나는 얼마든지 실행할 것이다. 꿀잠자기 프로젝트를 통해 한 분, 두 분 달력과 다이어리에 수기로 기록하시는 분들이 늘어가니 뿌듯하고 행복하다.

달력이 좋은 점은 첫 번째로, 구하기가 쉽다는 것이다. 홍보 등으로 나누어주는 공짜 달력이 많다. 그중에서 내가 마음에 드는 달력 하나를 정해서 사용하면 된다. 물론 형광펜, 다른색 펜 등을 이용해서 기념일 등을 표시하고 겸용으로 사용할 수도 있다.

두 번째 좋은 점은 수면 기록을 누적해 나가면서, 일주일간, 한 달 동안의 내 수면 상태를 한눈에 점검할 수 있다는 것이다. "이번 일주일은 내가 잠이 많이 부족했구나, 너무 늦게 잤구나" 하고 나를 돌아보고 개선할 점을 찾을 수 있다. 또한, "이번 주는 같은 시간에 취침하고 같은 시간에 일어나는 것을 참 잘했네"라고 자신이 잘한 점을 찾아서 축하하고 칭찬해줄 수 있다.

잠을 부족하게 자고, 너무 늦게 잤다고 해서 반성만 하지 말았으면 좋겠다. 내 몫을 다하기 위해 일을 하느라 애쓴 나를 인정하고 토닥여주자. 나를 위해 여가 시간을 가지느라 영상을 많이 봤다면 그 시간을 피드백하고 점검하자. '다음부터는 계획을 세워서 한 시간까지만 보아야지" 하고 정한 뒤 집중해서 그 시간을 보낸다면 그 시간도 의미가 있다. 그냥 시간이 남아서, 심심해서 유튜브나 SNS 등으로 시간을 보낸다면 흘러보내는 시간이 아깝고 휴식도 제대로 취하지 못하게 될 것이다. 니르 이얄의 〈초집중〉이라는 책에서는 '타임박스형 일정표'에 SNS와 인터넷 서핑을 하는 시간을 적어놓고 그 시간을 지키라고 말한다. 그렇게 한다면 계획된 시간 안에서 끝낼 수 있고, 죄책감 또한 갖지 않고 그 시간을 즐길 수 있다.

수면 기록을 통해, 내가 잘한 점과 칭찬할 점을 찾는 것도 매우 중요하다. 〈습관의 디테일〉을 읽으며, '축하하기'라는 단어가 나에게 강력하게 와닿았다. 축하는 남에게만 해주는 것이 아니었다. 이 책의 저자이자 행동과학자인 BJ 포그는 만일 치실 사용 습관을 기르고 싶었는데, 오늘 양치 후에 치실을 사용했다면 곧바로 그것을 축하하라고 말한다. 치실 사용하기는 저자가 꾸준히 습관으로 만들어간 행동이었다. 치실 사용하기를 기억해낸 나를 축하하고, 치실을 사용하면서 축하하고, 그 행동이 끝난 후에 축하한다. 세 가지 다 축하해도 좋고, 몇 가지만 축하해도 좋다. 내가 기르고 싶은 습관을 마음껏 축하하면 만족도가 올라가고 기분 좋은 감정이 연결되어 그 습관을 지속적으로 하게 된다.

11시 이전에 잠자기 습관을 들이고 싶다면, 수면 기록을 하며 그것을 실천한 나를 축하하자. "나는 나와의 약속을 지키는 사람이야." "나는 더 하고 싶은 마음을 추스르고 내 몸과 마음의 휴식을 위해 잠을 선택했어." "일주일에 두 번이라도 11시 이전에 잤으니 가능성이 있어." 이렇게 스스로를 칭찬하고 응원의 말을 해주는 것이다.

수면 기록을 하며 여러분은 잠을 더 사랑하게 되고, 자신의 몸을 더 사랑하게 될 것이라고 확신한다. 잠을 사랑하게 되면 깨어있는 시간을 더 지혜롭고 행복하게 보낼 수 있다. 여러분도 집에 있는 달력이나 작은 노트로 시작해보길 바란다. 멈추면 언제든 또 기록하면 된다. 삶이 계속되듯, 기록도 언제든 시작할 수 있고 놓쳐도 또 할 수 있다.

꿀잠꿀팁 5.

'체온'과 '뇌'에 있는 수면 스위치를 조절해보세요

꿀팁!

1. 수면기록과 감사일기를 함께 써 봅시다. (감사일기는 세 가지 매일 쓰는 습관이 좋습니다.)

   (예) 취침: 11시 30분

   기상: 6시 40분

   수면시간: 7시간 10분 / 만족도: 9점

   감사일기: 오늘 7시간 10분 꿀잠을 자고 개운하여 감사합니다.

2. 수면기록과 감사일기는 아침에 기상 후에 곧바로 쓰는 것이 좋 습니다.

3. 자려고 베개를 벤 후, 감사한 일 한 가지를 떠올리는 습관을 만들어봅시다. 그날 있었던 일도 좋고, 현재 몸이 건강함에 감사하고, 오늘 하루 열심히 살아준 내 몸에게 감사해도 좋겠습니다.

꿀잠! 수면과학

여러분은 내 마음대로 조절이 안 되는 수면으로 인해 고민해 본 적 있으신가요? 저는 고등학생 때부터, 수면이 내 마음대로 조절되면 좋겠다고 간절히 바랐습니다. 스위치를 탁! 올리면 일어나서 활동이 가능하고, 스위치를 탁! 내리면 수면 모드로 휴식을 적당히 취하는 생활을 원했습니다. 하지만 수면이 그렇게 마음대로 조절되는 건 아니라는 것을 살면서 깨닫게 됩니다.

너무 더워서 잠에서 깬 경험 있으시죠? 저는 밤중에 잘 깨지 않는 편이지만, 방바닥이 너무 뜨겁거나 더우면 아주 가끔 깨기도 합니다. 상대적으로 춥다고 깬 적은 거의 없는 것 같습니다.

매슈 워커는 체온을 어떻게 조절하는가, 뇌의 스위치를 어떻게 조절하는가 이 두 가지가 수면 스위치라고 말합니다.

먼저 '체온'이라는 수면 스위치를 알아봅시다. 사실 수면의 중요한 열쇠인 체온은 체감하는 체온이 아닙니다. 손발의 피부 같은 몸의 표면 온도가 아니라 '심부(深部) 체온'이라는 몸 내부의 체온입니다. 수면과학자들은 '뇌의 온도가 내려가면 잠이 온다'고 말합니다. 활발하게 활동하는 장기인 뇌에는 굵은 동맥이 들어 있어서, 뇌의 온도는 심부 체온과 똑같은 변화를 보입니다.

갓난아이나 유아가 졸려서 칭얼거릴 때 살펴보면 뺨이 붉고 손발에 열이 오르는 것을 알 수 있습니다. 심부 체온은 낮추기 위해 열을 바깥으로 내보내기 위한 것입니다. 이렇게 아이만큼 변화가 뚜렷하게 나타나지는 않지만 어른의 몸에서도 같은 일이 일어난다고 합니다.

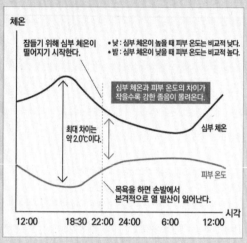

체온

잠들기 위해 심부 체온이 떨어지기 시작한다.

• 낮: 심부 체온이 높을 때 피부 온도는 비교적 낮다.
• 밤: 심부 체온이 낮을 때 피부 온도는 비교적 높다.

심부 체온과 피부 온도의 차이가 작을수록 강한 졸음이 몰려온다.

최대 차이는 약 2.0℃이다.

심부 체온

피부 온도

목욕을 하면 손발에서 본격적으로 열 발산이 일어난다.

12:00 18:30 22:00 24:00 6:00 12:00 시각

— 니시노 세이지, 《스탠퍼드식 최고의 수면법》, 북라이프, 94쪽

위 그래프를 보시면, 심부 체온과 피부 온도의 차이가 줄어드는 구간이 보입니다. 22시 점선으로 세로선이 그어져 있습니다. 여기서 한 가지 조언을 얻을 수 있습니다. 잠들 때에는 심부 체온을 낮

추고 피부 온도를 높여 차이를 좁히라는 것입니다.

체온 조절 방법으로 목욕을 취침 90분 전에 하는 것이 좋다고 말합니다. 한두 시간 후가 아닌, 일찍 자야 할 때나 뜨거운 물로 목욕하기 어려운 사람은 심부 체온이 지나치게 오르지 않도록 미지근한 물로 샤워만 하는 것이 좋다고 합니다.

또 족욕을 하는 것을 많은 전문가들이 추천하고 있습니다. 족욕은 간편하게 할 수 있어 시간도 짧게 걸려서 좋습니다. 발의 혈액순환을 원활하게 해주며, 내부의 열을 발산할 수 있도록 해서 숙면을 도와줍니다.

두 번째로 '뇌'의 스위치를 알아봅시다. 고속도로에서 운전 중에 잠이 오는 원인은 풍경이 거의 변화가 없기 때문이라고 합니다. 단조로운 상태는 잠들기 위한 뇌의 스위치라고 볼 수 있습니다. 그리고 같은 행동을 반복하기, 잠자리 의식을 꾸준히 하는 것이 수면에 큰 도움이 됩니다.

TV이든 책이든 자극이 적고 지루한 내용을 고르는 것이 좋습니다. 교감신경을 자극할 만한 요소는 되도록 피하는 것입니다. 교감신경이 활발해지면 잠이 든다고 해도 황금시간 90분의 양질의 수면은 취하기가 어렵다고 합니다.

잠은 아직 수수께끼로 가득한 학문이라고 수면과학자들은 말

합니다. 그래도 나 자신의 몸은 내가 알고 조절할 수 있다고 생각
합니다. 나의 심부 체온과 피부 체온을 관리하는 것, 잠들기 전에
족욕하기 등의 입면의식을 하는 것이 숙면에 도움되니 꼭 해보시
길 바랍니다.

스마트폰과 스마트워치 활용하기

나는 어릴 적, 사촌동생들과 모여 함께 놀 수 있는 명절이 항상 즐거웠다. 연년생인 오빠 한 명만 있었기에, 동생이 있는 친구들이 너무나 부러웠다. 그래서 나는 아기를 셋 정도 꼭 낳으리라 마음먹었다. 마냥 예쁠 것 같고 잘 키울 수 있을 것 같았다. "언니답게 동생들도 잘 데리고 노는구나" 하고, 부모님과 어른들의 칭찬을 많이 받았기 때문이기도 했다.

셋도 낳겠다는 포부를 갖고 있었던 나였지만, 나는 세상에서 가장 힘든 일이 '육아'임을 절실히 깨달았다. 나는 육아가 이렇게 힘들 줄 몰랐다. 정말 무슨 일이든 해보지 않고서는 감히 논할 수 없다는 생각이 든다. 신랑은 소방관으로 일하며 교대근무를 하고 있어서, 신랑이 없을 때는 나 홀로 오롯이 해내야 한다는 마음이 있었다. 두 살 터울의 두 아이를 육아하는 데 부담감이 너무 컸다. 둘째가 이른둥이로 태어나 발달이 늦었고, 물리 치료를 받고 있어서 더욱 걱정과 스트레스가 많았다.

육아로 힘들었던 그 시기에 나는 도움의 손길을 찾게 되어 기뻤다. 앞에서도 이야기한 네이버 카페 '그림책 읽어주는 엄마'에서 엄마들과 그림책을 함께 읽고 감상을 나누고, 소통할 수 있어서 행복했다. 거기서 만난 북마미 멤버들과 '걷기왕' 온라인 모임도 함께 했다. 매일 8000보 이상을 걷고 자기 전까지 만보기 인증샷을 카카오 단체채팅방에 올리는 것이었다. 나는 샤오미 미밴드를 사용해서 걸음수를 측정했는데 뿌듯하고 즐거웠다. 나는 걷기 모임을 계기로, 이때부터 미밴드 열혈 사용자가 되었다.

얼마 전에는 지인 두 분에게 내가 제안을 해서 세 명이서 '1일 1운동' 카카오채팅방을 만들었다. 각자 그날의 걸음수와 운동한 내용을 인증하고 있다. 지난 여름과 가을에는 관사 앞 운동장을 달리고 걸으며 상쾌한 공기를 만끽하며 행복했다. 겨울이 되고, 다시 춘천으로 이사 오게 되어 지금은 집에서 체조만 하고 있다. 이 글을 쓰는 오늘이 입춘이다. 하루 30분 파워워킹을 할 것이다. 미밴드 걸음수와 운동 인증을 열심히 하며 건강 관리를 하겠다고 다짐한다.

나는 손목시계인 스마트워치(미밴드 등)를 손목에 착용하고 자기만 하면 너무나 편리하게 수면시간을 측정할 수 있게 제품을 개발한 사람들에게 정말 감사함을 느낀다. 이 얼마나 편리하고 신기한가? 우리는 매일 밤 깊은 잠과 얕은 잠을 번갈아 잔다는 것을 알 수 있다. 깊은 잠일 때 깼는지, 얕은 잠일 때 깼는지도 대략적으로 알 수 있다. 화장실에 다녀온 시간도 깨어있는 시간으로 표시되어 나온다.

잠잘 때 자주 깨서 아쉽고 걱정이 되는 사람이라면, 이렇게 깨어있는 시간도 짧게 만들도록 의도적으로 노력하면 다시 잠들 수 있을 것이다. 수면과학자 니시노 세이지 교수가 말했듯이, "두 번 자는 것도 괜찮으므로" 나의 수면 패턴과 수면 시간이 규칙적이고 안정적이라면 걱정 안 해도 된다.

제때 잠들기 위한 방법으로
슬립타운 앱 활용하기

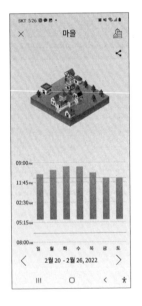

슬립타운 앱은, 잠들기 전에 '수면 버튼'을 누르고 자면 집짓기가 시작되고, 아침에 일어나서 '기상 버튼'을 누르면 하나의 건물이 완성된 것을 볼 수 있는 재미있는 앱이다.

나는 작년 9월에 알게 되어, 1년 6개월째 계속해서 사용 중이다. 나는 이 앱의 단순한 원리도 너무나 좋다. 자신이 잠자리에 들겠다고 계획한 시간에 수면 버튼을 누르면 된다. 스마트폰 사용을 멈추고 20분 책 읽기를 실천할 수도 있다. 수면 버튼을 누르고 나면, 스마트폰을 사용하지 못하도록 제한하는 것이 참 좋다.

나는 그림과 같은 가지런한 예쁜 수면 그래프로 30일 연속 성공하는 것이 목표이다. 너무나 좋아하는 앱이라고 당당하게 말하는 내가, 1년 6개월째 슬립타운 앱을 사용해오면서도 아직 한 달 연속성공을 못 했다니 부끄럽기도 하다.

일주일과 10일 연속은 지속적으로 해왔다. 하지만 연속 19일의 문턱에서 더 못 가고 실패하곤 했다.

올해 1월, 우리 첫째 아이가 10살이 되어서 스마트폰을 갖게 되었다. 엄마가 슬립타운 앱을 하는 것을 보고 어떤 집을 짓는지 관심을 가져온 아들은 자기도 하겠다고 했다. 그래서 다운로드를 받을 수 있게 도와주었다.

나는 슬립타운을 하면서 거짓말을 하게 되어 많이 찔렸다. 카카오프로젝트100 '꿀잠 자기 프로젝트'를 운영하며 매일 오늘의 주제 글을 꼬박꼬박 올리려면 수면 버튼을 누르고도 밤 12시까지 글을 쓰게 됐다. 낮인 점심시간에 쓰기도 했지만, 벽돌책을 읽으며 포스팅도 하려니 워킹맘으로 시간이 부족했다.

신랑과 야식을 먹거나 영화를 본 날도 있었고, 지인의 집에 놀

러가서 야식을 먹으며 수다 떨고 늦게 자는 날도 있었다. 늦게 자는 날이 두어 번 반복되면 꼭 건물을 무너뜨리고 실패하게 되었다. 양치기 소년이 두 번은 거짓말이 통했지만, 세 번째는 마을 사람들이 믿어주지 않아 양을 잃었듯이 말이다.

결론은 슬립타운을 게임처럼 즐기면 좋겠다. 그리고 연속성공 횟수를 늘려가는 것을 목표로 삼고 꾸준히 해보길 바란다. 나의 경우 1년 6개월 동안 슬립타운을 통해 규칙적인 수면 패턴을 만들었고, 새벽 5시 기상하는 아침형 인간이 되었다. 실패했다고 너무 속상해 하지 말고, 또다시 계속해서 도전하면 된다. '연속'보다 '횟수'에 집중해보길 바란다. 성공 횟수를 무조건 늘려보자.

성공 횟수가 많아질수록 예쁜 건물과 마을을 많이 만들 수 있어서 뿌듯하다. 자연스럽게 규칙적인 수면 패턴을 만들 수 있다. 몸의 건강과 좋은 컨디션은 당연히 따라온다. 슬립타운의 장점을 세 가지로 정리해본다.

첫째로, 매일 밤, 우리가 자는 동안! 건물 하나를 완공하는 뿌듯함과 재미를 느낄 수 있다. 매일 다른 건물을 세울 수도 있고, 짓고 싶은 건물을 골라서 지을 수 있다. 일주일이면 7개의 집이 도란도란 모여있는 마을이 만들어진다. MZ세대의 키워드는 재미다! 좋은 수면습관을 만들면서 재미있게 즐길 수 있다니 너무나 행복한 발상이다. 이 앱을 만들어준 개발자들에게 너무나 감사한 이유다.

둘째, 취침 시간과 기상 시간을 정하고 실천해보며, 스스로 어렵다는 것을 깨닫고 노력을 기울이게 된다. 우리는 기상 시간은 알람을 맞춘다. 하지만, 취침 시간 알람은 맞추지 않는다. 하고 싶은 것을 모두 한 후에 잠을 자고 싶기 때문이다. 대체적으로 사람들은 잠에 시간을 투자하지 않는다. 대신에 스마트폰으로 검색하고, 영상을 감상하고, 골똘히 생각하는 데 시간을 투자한다. 남는 시간에 자면 된다고 생각한다.

〈원씽〉의 저자는 '휴식시간을 먼저 확보하라'고 말한다. 내가 원하는 기상 시간을 정하자. 나에게 충분한 수면을 취하려면 언제 잠자리에 들어야 할지 알 수 있을 것이다. 그리고 그 취침 시간에 알람을 맞추자. 나는 적어도 6시간(또는 7시간, 8시간) 이상 자야 하는 사람이야' 라고 자신을 알아가는 것도 매우 중요하다.

자신이 일주일 동안에 잔 시간을 평균 내보면 좋겠다. 만약 평균 6시간을 자는 경우를 예로 들어보자. 평일에 4시간씩 5일 동안 자고, 주말에 하루에 11시간씩 잔다면 어떨까? 일주일의 총 수면

시간이 4×5+11×2=42 시간이고, 42시간÷7일=6시간이다. 하루 평균 6시간을 잔 셈이다. 수면 부족을 주말에 갚았다고 볼 수도 있겠지만 몸은 일주일 동안 너무나 힘든 시간을 겪었을 것이다. 내가 극단적인 예를 들긴 했다. 하지만, 정도의 차이일 뿐, 수면 기록 프로젝트를 운영하며 평소에는 잠을 적게 자고 주말에 몰아서 자는 경우가 많은 것을 볼 수 있었다. 평균 6시간 자야 하는 사람이라면, 그냥 매일 6시간을 규칙적으로 자는 것이 좋다. 슬립타운 앱과 같은 도구를 이용해서라도 규칙적인 수면 패턴을 만들어 가는 것을 추천한다.

셋째, 슬립타운 앱의 '소셜서클'에서 가족, 친구, 지인이 함께 서로의 수면 건강을 챙겨주고 함께 숙면 습관을 만들 수 있다. 나는 카카오프로젝트100 '수면기록으로 꿀잠자기 프로젝트'에서 만난 사람들에게 슬립타운도 제안해서 1년 넘게 함께 해오고 있다. 10살 된 우리 아들까지 총 7명이 함께 하는 중이다. 현재 우리 소셜서클의 목표 취침 시간은 11시, 목표 기상 시간은 7시이다.

11시~7시로 정한 것이지만 2시간의 융통성을 발휘할 수 있다. 목표 시간보다 2시간 전에 버튼을 누를 수 있는 것이다. 그러므로 저녁 9시에서 11시 9분 사이에 취침버튼을 눌러야 한다. 11

시 10분에 눌러보니 실패했다. 참고하길 바란다. 그리고, 아침 5시에서 7시 9분까지 기상 버튼을 누르면 그날의 건물짓기는 성공이다. 이렇게 슬립타운을 성공할 때마다 내 몸에게 꿀잠을 선물한 나를 칭찬하자. 작은 성공을 축하하고 횟수를 늘려가자. 그러면 좋은 습관이 만들어져서 더욱 자신감을 가질 수 있을 것이다.

가족 또는 친구와 함께 슬립타운을 해보자. 수면패턴은 각자 스스로 정하자.

소셜 그룹을 만들어서 운영하는 것은 가족이나 친구와 해도 좋지만, 가족 또는 친구라고 해서 수면 패턴이 같지 않을 수 있다. 수면 패턴이 비슷한 사람을 블로그나 SNS를 통해서 찾아서 온라인으로 함께 할 수도 있다. 방법은 찾으면 된다. 자신의 건강 습관을 위한 방법을 창의적으로 찾아보고 실행에 옮기자.

'수면의 질'을 알아내는 방법

꿀팁!

1. 수면기록을 할 때에, 꼭 나의 "내 맘대로 수면 점수"를 함께 적어봅시다. 제가 번역한 〈수면만족도 검사지〉를 활용해보셔도 좋습니다.

   (예)취침: 12시 30분

   기상: 6시 30분

   수면시간: 7시간

   내 맘대로 수면 점수: 8점

   만족도 검사지에 따른 점수(또는 스마트워치 점수): 5

2. 잠든 직후 90분의 '최초의 비렘수면'을 최고의 상태로 만들겠다고 의식하는 것이 중요하다고 전문가들은 말합니다. 자신만의 골든타임을 놓치지 마세요! 여러분의 잠의 골든 타임을 확보하는 방법을 두 가지 적어보세요!

3. '개운하게 깨어나는 것'을 꿀잠의 척도로 삼고, 침실, 온도, 잠옷 등의 환경을 만들어보세요.

꿀잠! 수면과학

수면의 양과 질 둘 다 중요합니다. 수면과학자들은 성인 기준 하루에 7~8시간 자는 것을 권장하고 있습니다.

그러면 '수면의 질'은 어떻게 알 수 있고, 어떻게 '수면의 질'을 높일 수 있을지 고민해봅시다.

"잠을 잘 못 잤어요. 불면증인 것 같아요."

이렇게 말하는 사람의 경우, 수면의 '양'이 문제인 줄 알았는데 수면의 '질'의 문제인 경우도 있다고 합니다.

수면의 질을 과학적으로 측정하기 위해서는 수면검사실에서 몸에 여러 가지 장치를 부착하고 잠을 자는 동안 데이터를 수집하여 알아내야 합니다. 뇌파, 근전도, 안구 운동, 심전도 등을 기록하여 여러 생체 신호를 동시에 측정하는 검사가 바로 수면다원검사(polysomnography)입니다. 당연히 검사 비용도 비싸다고 합니다. 무엇보다 집이 아닌 실험실에서 잠을 자야 하므로 평소와 같은 수면상태를 측정하기는 어렵다고 보아야겠습니다.

잠은 누구와도 공유할 수 없는 개인적 경험입니다. 수면의 문제를 알기 위해서는, 본인이 느껴서 말하는 증상, '자각 증상'이라는 가장 정밀한 방법을 최대한 활용해야 한다고 니시노 세이지 교수는 말합니다.

다른 질병들도 '자각 증상'과 의사의 진찰 등으로 확인되는 증상인 '타각 증상' 둘 다 중요하겠지만, 수면 장애, 수면 부족의 경우 특히, '자각 증상'을 스스로 알아채야만 치료를 받을 수 있을 것입니다.

만약, 수면장애가 의심되고 과학적 검사가 필요하다면, 수면 전문가와 상담하여 검사와 치료를 받는 방법도 필요합니다.

하지만, 수면 문제가 심하지 않거나 자신의 수면의 질을 스스로 파악하고 싶다면 수면 기록만 꾸준히 해도 자신의 수면패턴과 수면의 질을 충분히 파악할 수 있습니다.

제가 말하는 꿀잠은 수면의 양과 질이 둘 다 충족되는 것입니다. 그래서 일어나고 싶은 시간에 개운하게 깨어날 수 있을 때 꿀잠이라고 부르고 싶습니다. 알람 소리에 뒤척이지 않고 바로 일어날 수 있고, 알람 없이 일어날 수도 있습니다.

여러분의 꿀잠을 위해 수면을 기록하며 수면의 질을 점수로도 표시해보시기 바랍니다.

수면 기록이 쌓이면
성공 경험이 쌓인다

내가 '수면 기록' 습관을 만들기 전에는 어떤 좋은 습관을 가지고 있었을까? 생각해보았다. 딱 두 개, 독서 습관과 책 구입 습관이 있었다. 지금도 둘 다 있는데, 책 구입 습관은 좀 줄일 필요도 있겠다는 생각이 든다.

일기는 임용고시생 시절에 힘들 때 조금 쓰다가 중단했고, 교사가 된 이후에도 힘들 때 주로 쓰다가 중단했다. 그나마 육아일기는 꾸준히 2013~2019년까지 7년간 써왔다. '맘스다이어리'라는 앱 덕분이었다. 앱으로 사진과 글을 넣어서 100일 동안 매일 저장해둔다. 그리고 마지막에 PC로 편집하고 표지 사진, 머리말도 넣어 완성하면 된다. 무료/유료 쿠폰을 사용하면, 맘스다이어리 회사에서 직접 제본된 책으로 만들어 보내준다. 연속 100일 성공을 하면 배송비만 내면 된다. 실물 육아일기가 생기니, 아이들이 자기 책이라며 무척 좋아한다. 우리 가족의 추억을 꺼내어 볼 수 있어 좋다. 참 감사하다.

운동하는 습관이 있나 생각해보니 꾸준히 1년 이상 한 것이 없었다. 부끄럽고 아쉽다. 요가, 스피닝, 헬스는 두세 달은 다닌 적이 있다. 핑계를 대자면 육아와 신랑의 교대근무로 인해 지속하지 못했다. 하지만 나 스스로 절실함과 의지가 없었음을 인정한다. 매일 8000보 걷기는 거의 1년 동안 했다. 그래서 나에게 맞는 아침 파워워킹을 습관으로 만들고 싶다.

나는 운동 습관을 가진 사람, 일기 쓰는 습관, 기록하는 습관을 가진 사람을 존경하고 부러워해왔다. 이렇게 부러워하면서도 나는 내가 바라는 습관을 만들지 못했다. 하지만, 이랬던 내가 수면 기록을 하고, 아침형 인간이 되었고, 매일 1일 1포스팅을 하는 사람 그리고 작가가 되었다. 나와 비슷한 고민을 해왔던 사람들에게 용기를 주고 싶다. 할 수 있다. 올빼미였고 꾸준함과 거리가 멀었던 내가 이제는 꾸준함을 사랑하게 되었다. 꾸준한 꿀잠메신저가 되었다. 여러분도 할 수 있다.

나는 확언 쓰기도 쓰다 말다를 반복했다. 확언을 100번 쓰는 것은 어떤 날은 할 만했지만, 어떤 날은 힘겨웠다. 재미가 있는 날도 있고 재미없고 지겹기도 해서 안 하기도 했다. 그러다가, 나의 확언 '딱 한 문장'을 20번씩만 쓰기로 생각을 바꾸어 시도했다. 그랬더니 한 페이지 채우는 게 쉬워졌다.

그리고 나는 2020년 8월부터 '수면 기록'을 시작했다. 확언 쓰기 노트에 취침 시간, 기상 시간, 수면 시간, 수면 만족도 이렇게 네 가지만 기록하면 되어서 간편했다. 그리고 스마트워치 미밴드를 이용하니 아침마다 미피트 앱만 확인하고 화면 캡쳐를 하면 되어서 너무나 편리하고 좋았다.

2020년 9월부터 시작한 카카오프로젝트100 시즌3 〈수면기록으로 나만의 수면건강 찾기〉 프로젝트를 통해 100일간 수면을 기록했다. 나를 포함해 5명이 100일 성공을 했다. 90일 이상 성공하신 분들도 많았다. 2021년 3월부터 6월까지는 시즌4 〈매일 취침/기상 기록으로 꿀잠 자기 프로젝트〉에 10명이 100일 성공을 했다. 51명의 멤버들이 63%의 인증률을 보여주시며 열심히 참여해주셔서 감사하고 기뻤다.

수면 기록은 기록 자체로 성공이다. 다이어리 월간 주간 계획표를 쓰면 뿌듯하고 일기를 쓰면 뿌듯하듯이, 수면도 기록으로 남겨두면 나의 건강을 확인해볼 수 있는 지표가 된다. 일주일만 달력에 취침, 기상, 수면시간을 기록해보면 어떨까? 한 달만 달력에 기록해보고 나의 수면과 스트레스를 점검해보면 어떨까? 우리는 스트레스를 풀기 위해 영상을 소비하고, 커피, 술, 야식 등을 소비한다. 우리 몸이 이 모든 것을 받아들이고 건강을 유지하면 다행이지만 우리 몸은 더 힘들어지고 피곤이 안 풀리기도 한다.

수면 기록을 빠뜨린 날은 '대략 6시간' 이렇게 적어놓고, 세모라고 표시해두면 정확하진 않지만 기록은 완료한 것이 된다. 그러니, 한 달 이상 수면 기록을 하고 자신에게 맞는 최적의 잠시간을 찾아보면 좋겠다.

취침 시간, 기상 시간, 수면 시간 이 세가지는 되도록 정확하게 적기로 하자. 그래야 수면의 중요성을 더 인식하고 내 수면 패턴을 점검할 수가 있다. 숫자의 정확성을 이용하는 것이 좋다. '내가 이만큼 잤구나!' 하고, 간단한 뺄셈을 해보며 수면 시간을 계산해보고 맞춰보는 재미도 있다. 진짜다. 함께 한 멤버님들도 재밌게 즐기면서 해주신 것 같다.

수면 기록이 쌓이면 성공 경험이 쌓이는 것이다. 수면 기록을 시도하고 실천한 자신을 칭찬하면 좋겠다. 우선 나만의 최적의 수면 시간을 찾기 위한 노력을 시작한 것이기 때문이다. 달력에 수면을 기록하여 일주일, 한 달을 채웠다면, 나를 토닥여주고 수고했다고 말해주자.

수면 기록은 일주일 이상 잘하고 있는데, 수면 패턴이 너무 깨져서 밤을 꼬박 샜거나, 낮잠을 많이 자고 낙심할 수도 있다. 하지만 이것조차도 기록하자. '밤잠이 짧으니 낮잠으로 수면 부족을 채우려고 하는구나.' 내 몸의 반응을 관찰하자. 호기심을 가지고 접근하는 것이 좋다.

그리고 우리는 실패와 실수로부터 배운다. '위기는 기회다'라는 말도 있지 않은가. 수면 패턴이 깨졌을 때는 이것으로 인해 배울 수 있는 기회로 생각하자. 수면패턴은 원래 깨지기 쉽다. 규칙적으로 자고 새벽 기상을 하기로 마음먹고 실천 중이라도 언제든 깨질 수 있다. "의지력은 늘 꺼내 쓸 수 있는 것이 아니라는 것이다"라고 〈원씽〉의 저자 게리 켈러가 말해준다. 의지는 관리하는 것이다. 에너지도 관리하는 것이다. 그 출발점이 수면 관리라고 나는 믿는다.

나는 당신이 딱 하루 꿀잠을 잘 수 있도록 도우려고 책을 쓴 것이 아니다. 매일 꿀잠을 잘 수 있는 습관을 기르길 바라는 마음에서 이 책을 썼다. 한 달 이상, 100일 이상의 수면기록을 통해, 여러분이 각자 최적의 수면 시간을 찾아내고, 자신의 수면 패턴을 찾아 실천할 수 있도록 안내하고 싶다. 매일 꿀잠 자는 습관을 길러서 건강하게 살아가자!

유쾌한 감정이 변화를 만든다

습관 만들기는 쉬울까 어려울까? 쉬울 수도 있고 어려울 수도 있다. 어떤 사람들은 "사람은 쉽게 변하지 않아" 라고 말한다. 하지만 나는 '사람은 변한다'고 강력하게 믿고 있다. 사람이 변하지 않는다면 너무 슬픈 일이다. 어떻게 주어지는 대로만 살겠는가. 부모님이 주신 건강한 몸을 변하지 않고 유지하는 것은 좋은 일이다. 하지만, "습관은 바꾸기 어렵다" 라든지, "사람은 안 변한다" 라고 하는 것은 너무 한쪽으로 치우친 생각이다.

내가 '변화'를 믿는 이유는 사람은 무한한 가능성의 존재라는 것을 믿기 때문이다. 내가 아닌 다른 사람을 쉽게 평가하지 않았으면 좋겠다. 그리고 내가 나 스스로를 쉽게 판단하고 자책하지 않았으면 좋겠다. 내가 자책하며 시간을 허비해보니 너무 고통스럽고 도움도 되지 않았다. 다만, 자신을 충분히 알아가고 독립하는 과정을 겪는 사춘기는 우리 모두가 잘 겪어냈으면 좋겠다.

이번 장에서는 수면 기록에 대해서 이야기했다. 내 책의 초점인 수면기록을 오늘부터 당장 해보길 바란다. 내 몸에 대한 생각, 수면에 대한 생각, 건강에 대한 생각이 조금씩 바뀔 수도 있다. 내 몸과 마음을 더욱 사랑하고 아껴주는 계기가 되길 기대한다. 방법은 어떤 것을 선택하든지 꾸준히 해보길 응원한다. 나에게 맞는 방법은 실험하고 찾으면 된다. 다이어리든, 일기장이든, 핸드폰 메모장이든, 어디에든 수면을 기록하여 일주일 또는 한 달을 채웠다면 나는 열심히 박수를 보내고 싶다. 그리고 꿀잠메신저로서 너무나 기쁘고 뿌듯할 것이다. 당신은 수면 건강을 챙김으로써 자신을 더 사랑하고 아껴주기로 한 걸음 내디딘 것이기 때문이다.

습관을 만드는데 보통 66일 걸린다는 연구 결과도 있다. 습관을 만드는 것은 횟수가 당연히 중요하다. 하지만 〈습관의 디테일〉의 저자 BJ포그는 앞서도 말했듯이 "감정이 습관을 만든다"고 했다. 긍정의 경험과 즉각적인 나의 감정이 중요하다는 것을 강조하고 있다.

BJ포그는 '치실질 습관'을 기르기 위해, 양치질을 할 때마다 '이 하나만' 치실질을 하겠다고 단순하게 행동설계를 했다고 한다. 그리고 치실을 쓸 때마다 축하하고 뿌듯해했다고 한다. 치실질 후에 (뇌에 습관을 각인시키기 위해 즉시) 거울 속의 자신에게 미소 지으면서 "승리!(victory!)"라고 말했다. 이 한 개만 치실질 하는 것으로 출발하여, 다른 이까지 하면 가산점을 주었다고 한다. 약 2주가 흐른 뒤에는 하루에 두 번, 모든 이에 치실질을 하게 되었다고 한다. 그렇게 자신의 몸에 습관이 붙도록 만들었다고 자신 있게 말하고 있다.

우리도 오늘 하루 수면 기록을 실천한 것을 축하하자. 그리고 다음 날 또 기록하면 또다시 축하하자. "아싸!" "야호!" 등 자신만의 축하의 말을 소리 내어 하거나, 주먹을 불끈 쥐는 행동, 미소 짓기 등으로 하는 것이다. 우리는 수면습관을 만드는 중이니, "아, 잘잤다!" 하고 외치는 것도 큰 도움이 될 것이다. 나는 이 말을 가끔 하는데, 지속적으로 해서 습관으로 만들고 싶다.

꿀잠꿀팁 7.

수면이 짧을수록 수명이 짧아진다

꿀팁!

1. 건강의 세 기둥은 잠, 식사, 운동이라고 말합니다. 결국은 이 세 가지가 연결될 것이기에 나의 핵심습관을 찾아 꾸준히 실천해봅시다. 여러분이 건강한 수면습관을 위해 노력하고 있는 한 가지를 적어봅시다!(수면기록이 아니어도 좋습니다)

2. 여러분이 하고 있는 건강을 위한 식사습관 한 가지를 적어봅시다.

3. 여러분이 하고 있는 건강의 위한 운동습관 한 가지를 적어봅시다.

꿀잠! 수면과학

매슈 워커라는 수면과학자는 건강의 세 개의 기둥인 잠, 식단, 운동 중에서도 잠이 가장 중요한 토대가 된다고 말합니다. 본인이 수면과학자여서 그랬을까요? 저는 꼭 그것만은 아니라고 생각합니다.

저는 총 505페이지인 〈우리는 왜 잠을 자야 할까〉를 완독하며 플래그를 69개나 붙일 정도로 정독했습니다. 그리고 감명을 받아서 '수면전도사'가 되어야겠다고 결심했습니다. 매슈 워커도 수면 부족 사회를 걱정하며 대중강연을 많이 하고, 이 책 16장을 통해서도 집단 수면 부족을 풀기위한 다양한 제안, 로드맵을 제시하기도 했습니다.

우리는 "수면 시간이 짧을수록, 수명도 짧아진다"라는 말을 깊이 생각해야 합니다. 연구결과와 그 증거들을 보고 스스로 인식해야 합니다. 저는 우리의 생명을 위협하는 측면을 세 가지로 말씀드리겠습니다.

첫째로, 선진국에서 질병과 사망의 주된 원인들(심장병, 비만, 치매, 당뇨병, 암처럼 건강 보험 체계를 휘청거리게 하는 질병들)은 모두 수면 부족과 인과 관계가 있음이 드러났다고 매슈 워커는 말합니다.

둘째로, 수면 부족은 유전자의 활성과 발현을 바꿉니다. 또한, 유전물질의 물질 구조 자체도 공격하여 수면 시간이 줄어들거나 수면의 질이 떨어질수록 염색체의 텔로미어는 더욱 손상된다고 합니다.

셋째로, 우리는 졸음운전의 심각성을 잊어버릴 때가 많습니다. 수면 부족으로 인해 운전 중에 졸음을 경험하신 분이 계실 것입니다. 일시적으로 집중력을 상실하는 미세 수면(microsleep)이라는 상태에 빠지게 됩니다.

이 상태는 겨우 몇 초 동안 지속되는데, 이때 눈꺼풀이 일부 또는 완전히 감기게 되어 교통사고가 유발될 수 있습니다. 불과 2초만에 우리의 생명을 앗아갈 수 있습니다.

1986년 체르노빌 원자력 발전소의 원자로가 녹아내린 악명 높은 사건과 1989년 알래스카에서 블릭리프에 충돌하여 선체에 구멍이 난 엑손 발데즈(Exxon Valdez) 유조선의 사례도 근무자들의 수면 부족으로 인한 실수에서 비롯되었다고 합니다.

수면 부족이 우리 몸에 끼치는 영향이 너무나 많네요. 저는 건강하게 100세까지 살 수 있기를 간절히 바랍니다. 두 아이를 낳으니, 아이가 엄마 오래 살아달라고 말하네요. 이렇게 지식으로도 아는 것도 좋지만 여기서 그쳐서는 안됩니다. 스스로 수면시간을 체크해보고 몸 상태를 확인하여 스스로 수면시간을 조절하는 것이 정말 필요하다고 생각합니다.

나의 새로운 하루의 시작은
밤 10시입니다

나는 2020년 '한달어스'에 참여하며 매일 1일 1포스팅을 하기 위해 노력했다. 한 달 독서, 한 달 미니멀, 한 달 자기발견 등의 프로그램을 하며 나를 발견하는 글을 쓰고 생각을 정리할 수 있어 참 좋았다. 나는 새벽 기상에 관심이 생겼다. 그래서 한달어스 미라클모닝 인증 모임에 참여했다. 사실 〈미라클모닝 밀리어네어〉 책은 사놓고 조금 읽다가 덮어둔 상태였다. 미라클모닝이 곧 새벽 기상, 이렇게 동의어라고 생각하니, 나에겐 기적의 아침은 넘어서기 힘든 거대한 산처럼 보였다. 나에게 기적의 아침은 찾아오기 어렵겠구나, 오래 걸리겠구나 하는 생각이 들었다. 하지만, 일단 6시 기상부터 시작했다.

그때, 밴드와 카카오채팅방에서 미라클모닝을 함께 하는 멤버님이 "미라클모닝의 시작은 미라클이브닝입니다"라고 해주신 말씀이 깨달음을 줬다.

'아, 그렇지!! 전날 제때에 자야지만! 다음 날 수월하게 일어날 수 있고, 내 몸에 적절한 잠인 6~7시간을 잘 수 있구나.'

나는 이렇게 깨달았다. 다음 날 내가 원하는 시간인 6시에 일어나기 위해서는 '제때 자야 된다'는 것이 어떻게 보면 참 당연한 말인데, 우리는 이것을 놓치고 수면 시간을 고려하지 않고 새벽 기상에만 초점을 맞추기도 한다. 〈잠의 즐거움〉의 저자 사토 도미오도 같은 말을 하고 있었다. 그런데 이분은 정말 강력하게 말하고 있었다.

"오늘이라는 하루는 어디서부터 시작될까?" 이 질문에 여러분은 어떤 답을 할 수 있겠는가? 나는 당연히 아침이 하루의 시작이지! 라는 생각이 들었다. 그리고 또 하나, 하루는 24시간이니 자정인 0시를 하루의 시작으로 볼 수도 있겠다는 생각을 했다.

자신의 습관을 인증하는 프로젝트인 '카카오프로젝트100'에서도 대부분의 프로젝트들이 하루의 인증시간을 0시부터 밤11시 59분까지로 했고, '한달어스'도 마찬가지였다.(카카오프로젝트100에서는 하루의 마감 인증시간을 다르게 설정하는 것이 가능하긴 했다.)

인증은 편리성을 위해, 하루를 0시~24시로 구분한다고 하자. 하지만, 우리들의 하루는 어떤가? 아침부터 밤 12시까지 우리는 참 고된 하루를 보낸다. 우리 신체의 입장에서 서보자. 우리의 뇌는 또 얼마나 힘들겠는가. 이 글을 쓰다 보니, 내 몸과 뇌한테도 너무 미안해진다.

하루의 시작은 아침이라고 볼 수 있다. 우리는 가족들과 "잘잤어?"라고 물어보며 인사를 나눈다. 동료들과도 "좋은 아침입니다" "굿모닝" 하면서 하루를 시작한다. 하지만, 관점을 조금만 바꾸어 보자.

> *"잠은 하루의 마무리가 아니다. 즐거운 내일을 위한 스타트라인이다."*
>
> *– 사토 도미오, 《잠의 즐거움》, 국일미디어, 110쪽*

〈잠의 즐거움〉저자 사토 도미오의 통찰이 멋지다. 이렇게 관점의 전환을 하면, 잠을 보는 시선도 태도도 바뀔 것이라고 믿는다. 하루의 시작은 취침시간이라고 생각해보자. 그리고, 나의 하루는 ○○시에 시작된다고 스스로 정해보자. 그리고 자신이 정한 취침시간을 지키기 위해 잠자리 의식(자기 전 루틴)도 하며 작동중단 습관을 만들어 나간다면 규칙적인 수면 패턴을 만들 수 있을 것이다.

'나의 새로운 하루는 밤 10시에 시작된다.'

라고 나는 정해보았다. 밤 10시 안에 내가 잠자리에 들었는가에 따라 나의 꿀잠(숙면)이 달려있고, 나의 새벽 기상의 성공 여부가 달려있고, 나만의 고요한 아침 시간, 기적의 아침이 달려있기 때문이다.

새벽 기상의 핵심은 '몇 시에 자느냐'에 있다.

위의 문장은 〈나의 하루는 4시 30분에 시작된다〉에 나오는 말이다. 참고로, 나는 이 책을 쓴 김유진 변호사님의 팬이기도 하다. 이분처럼 사람들에게 희망을 주는 책을 내고 싶다고 계속해서 꿈꾸고 기도해왔다. 나는 실용서에 초점을 두고 쓰는 책이라 결이 다르겠지만, 개인책 출간이라는 내 꿈, 사람들에게 건강 습관을 안내하는 책을 쓴다는 면에서 나는 복이 많은 사람이라는 생각이 든다.

바른생활 루틴이와 갓생 살기

> 외부적 통제가 사라진 상황에서 루틴을 통해 스스로의 일
> 상을 지키고자 노력하는 요즘 사람들을 '바른생활 루틴이'
> 라고 부르고자 한다.
>
> — 김난도 외, 《트렌드 코리아》, 미래의창, 327쪽

코로나 팬데믹이 되고, '바른생활 루틴이', '갓생 살기'라는 키
워드가 떠오르고 있다. '갓생'이란 신을 뜻하는 영어 단어 'God'
과 인생(人生)을 조합한 단어다(갓생 살기 = GOD生 살기). 곧, 하루하
루를 보람차고 부지런하게 보내는 라이프 스타일을 의미한다. 특
히, 자신만의 목표를 세워 성실하게 노력하고 실천할 때 '갓생산
다'라고 표현하곤 한다.

20년 전쯤 '아침형 인간'이 이슈가 되었다가, 지금은 자기계발의 하나로 '미라클모닝'이 곧 새벽 기상과 동의어로 쓰이며 많은 사람들이 새벽 기상에 도전하고 있다. 잡지를 읽다 보니, 지금의 '갓생 살기'는 그 배경과 양상이 다르다고 강조하고 있었다. 얼마 전 읽은 책에서는 이런 글이 있었다.

> 예전에 '아침형 인간'이란 책이 꽤 많이 팔린 것은 '아침잠은 인생에 있어서 가장 큰 지출이다'라는 인상적인 카피문구가 잠에 대한 한국인들의 불편한 인식을 공략했던 것이 주효했다고 본다.
>
> ― 이상수,《나는 자고 싶다》, 엠엘커뮤니케이션, 19쪽

나는 잠에 대해서 죄악시하는 문화를 개선하고 싶다. 잘 쉬지 못하고, 번아웃을 겪는 요즘 사람들을 돕고 싶다.

습관은 '의식적으로 혹은 무의식적으로 반복하는 행동의 집체'를 지칭한다. 반면, 루틴은 '의식적으로 반복하기 위해 세운 계획 혹은 일련의 행동'에 더 가깝다. 갓생 살기의 핵심은 무리하지 않는 자잘한 루틴을 세우고 실천함으로써 성취감과 뿌듯함을 느

끼는 것이다.

'갓생 살기'라는 단어 속에도 '양면성'이 있다. 부지런히 자신만의 루틴을 만들어 실천하며 즐거움을 느낀다는 측면에서는 긍정적이다. 하지만, 무리하게 하거나, 루틴이 과제가 된다면 이것 또한 소진증후군을 불러오게 될 수 있다.

나는 갓생을 살고 있다. 오늘 새벽에도 꿀잠자고 일어나, "오늘 하루도 멋진 하루가 될 거야!"라고 웃으며 마우이 습관을 할 때 행복했다. 그리고 이 글을 쓰면서, 나의 갓생은 어떤것이지? 고민하면서 나만의 루틴을 만들어갈 수 있음에 감사하다. 여러분의 갓생은 무엇인가? 오늘도 여러분 자신의 갓생을 살길 바란다. 나는 수면 기록이 여러분의 갓생 살기를 도와줄 것이라고 확신한다. 그리고 매일 꿀잠으로 기쁘게 아침을 맞이하고 갓생의 하루를 시작하길 바란다.

꿀잠꿀팁 8.
잠이 보약이다

꿀팁!

1. 잠이 보약이다, 미인은 잠꾸러기라는 말 속에 진리가 담겨있음을 알 수 있습니다. 내가 마음이 드는 '잠에 관한 명언' '건강에 관한 명언'을 눈에 띄는 곳에 붙여봅시다.

2. 가족 또는 다른 이에게 아침인사로 "꿀잠 잤어요? 개운하게 잤어요?"라고 건네봅시다. 1인가구인 경우, 메시지도 좋습니다!

3. 꿀잠전도사가 되어, 누구에게 꿀잠을 전하고 싶나요? '나'도 포함해서 3명의 이름을 적어봅시다.

꿀잠! 수면과학

생명체들이 잠을 자도록 진화해온 것은, 수면이 생명에 절대적으로 중요한 기능을 수행했기 때문이라는 말입니다.

"인생의 3분의 1은 잠이다"라는 말 들어보셨죠? 동의하시나요? 현대사회에서 특히, 청소년과 어른들은 24시간 중에 8시간을 잠자기가 어려운 것이 현실의 모습입니다. 하지만, 신생아와 영유아시절과 같이, 12시간 이상 잠을 잤던 시기도 있습니다. 또한, 어른들도 주말에는 10시간씩 몰아서 자기도 합니다. 그러니 사람들은 평균적으로 인생의 3분의 1을 잠을 자는 데 시간을 보낸다는 것이 이해가 됩니다.

수면과학자들이 말하는, 성인의 권장 수면 시간도 8시간이니 하루의 3분의 1이 맞습니다.

과학자들은 수명을 늘리는 방법으로 숙면을 추천합니다. 숙면을 취했을 때 기억력이 강화되고, 창의력도 높아집니다. 자신의 능력을 잘 발휘할 수 있으니 더 매력적인 사람이 되겠지요.

또, 비정상적인 식욕을 줄여주어 몸매를 더 날씬하게 유지할 수 있습니다. 암과 치매를 예방하고 감기와 독감도 막아줍니다. 심장 마비, 뇌졸중, 당뇨병의 위험도 줄여줍니다. 하루하루 행복한 기분을 가져다주며 우울하고 불안한 기분이 사라집니다. 이것이 바로 잠이라는 '보약'의 효과입니다.

이 주장들을 뒷받침하는 증거는 지금까지 나온 꼼꼼한 심사를 거쳐 발표된 1만 7,000편이 넘는 과학 논문들입니다.

이렇게 자신의 연구에서만 그치지 않고 대중을 위한 책도 쓰고 강연을 하는 과학자들에게 감사함을 느낍니다. 정말 잠이 얼마나 경이로운 만병통치약인지, 저는 35살부터 깨달아가고 있습니다. 좋은 습관을 만드는 데에 현재의 나이는 중요하지 않다고 생각합니다. 늦은 때는 없습니다.

여러분들도 이 글을 읽으신 바로 이 시점부터! 이 만병통치약, 꿀잠을 잘 활용하시며 자신의 건강을 설계하고 120세까지 건강하게 사시길 바랍니다. 우리도 모두 꿀잠전도사가 될 수 있습니다. 자신의 수면습관부터 만드시고, 사랑하는 이들에게도 꿀잠이라는 보약을 꼭 알려주시고 선물해주시기 바랍니다.

PART 3

루틴 만들기로
내 삶 가꾸기

작은 습관 만들기로 갓생 살기

마우이 습관으로 아침 열기

수면 기록을 시작하고 아침의 소중함을 더욱 깨닫게 되었다. 새벽 5시 기상이 자리 잡으니, 책 읽기, 블로그 1일 1포스팅을 했다. 여기에 명상도 체조도 하고 싶어서 줌모임도 시작했다. 하고 싶은 루틴이 이렇게 많아지면서 몸과 마음이 바빠졌다. 이렇게 조급했던 나에게, 〈습관의 디테일〉은 정말 축복의 책이었다.

아주 작은 습관 기르기부터 하라!
자신의 작은 습관을 실천할 때마다 마음껏 축하하라!

이 두 가지가 이 책의 메시지다. 그리고, 나는 작가의 습관을 하나씩 따라 해보기로 했다. 그 첫 번째가 마우이 습관이다.

매일 아침 일어나자마자 긍정적 에너지를 불러오는 습관 한 가지를 실천하고 있다. 여기에 걸리는 시간은 딱 3초이다. 나는 이것을 마우이 습관이라고 부른다. 아침에 일어나서 발을 바닥에 댄 후 "멋진 하루가 될 거야"라고 외치고 미소 짓는다.

— BJ 포그, 《습관의 디테일》, 흐름출판, 13쪽

겨우 3초로 기분이 좋아질까? 나는 의문점이 생기기도 했다. 하지만 아침마다 실천해볼수록 참 좋았다. 매일 아침, 소리 내어 마우이 습관을 하니, 정신이 맑아지고 기분이 좋아졌다. 취침 시간을 정하고 수면을 취하더라도 일어나면 개운한 날도 있고, 개운하지 못한 날도 있다. 하지만, 마우이 습관을 한다면 기분 좋게 아침을 맞이할 수 있다. "오늘도 멋진 하루가 될 거야!"라고 말하면서 활짝 웃으며 시작하는 것이다.

나는 갑상선암으로 반 절개 수술을 받았기에 아침에 일어나자마자 공복에 씬지록신이라는 약을 먹는다. 약을 먹으러 걸어가는 길에 나는 발을 땅에 딛고 "오늘도 멋진 하루가 될 거야!"하고 소리 내어 말한다. 웃으려고 노력은 하는데 아직 아침에 활짝 웃는건 잘 안된다. 거울 보고 웃는 연습도 하고 미소 셀카도 자꾸 찍어야겠다.

"여러분, 일어나자마자 웃으세요."
"입을 찢어서라도 웃으세요!"

100세 라이프 디자이너 최원교 대표님의 명언이다. 정말 매일 실행하며 내 습관으로 만들고 싶다.

BJ포그는 이미 하고 있는 행동 중에서 하나를 택하여, 새로운 행동을 추가하여 습관을 만들면, 그 습관은 정착되기가 아주 쉽다고 말한다. "~ 후에 ~할 것이다" 라고 기존 행동 직후에 새로운 행동을 넣는 것이다. 여러분도 이렇게 모닝 루틴을 만들어보길 바란다. 마우이 습관은 꼭 실행해보길 추천한다.

꼭 새벽 기상이 기적의 아침이 아니다. 아주 작은 루틴을 하나하나 만드는 것이 즐거워지면 기적의 아침이 시작되는 것이다. 수면을 기록하고 수면을 관리하다 보면 나의 수면 패턴을 규칙적으로 만들기 위해 노력하게 된다.

수면 부족이 유행병처럼 전 세계적으로 많다고 수면 과학자들은 지적한다. 일 때문에 어쩔 수 없는 분들은 근무주기에 맞추어 수면패턴을 신경 써야 할 것이다. 스스로를 올빼미형이라고 믿고 새벽까지 깨어있는 사람들이 많아서 걱정이 된다. 수면 부족과 수면 부채로 힘들어 하는 분들, 자신의 건강을 해치는 줄 모르고 불규칙적인 생활을 하는 분들이 안타깝고 그들을 돕고 싶다.

나는 수면을 기록하다 보면, 아침형을 선택하는 분들이 더 많아지리라고 생각한다. 그리고 거의 모든 사람들이 아침형 인간이 되는 것이 가능하다고 생각한다. 내가 '거의 모든 사람들'이라고 한 이유는, 교대근무자들이 생각나서이다. 교대근무를 많이 하는 분들은 어려울 것이라 생각이 들어서 안타깝다. 근무주기에 맞추어 자신만의 건강한 수면 패턴을 꼭 만들기를 응원한다. 교대근무를 하는 우리 신랑도 내가 옆에서 힘이 되어주고 도와주어야겠다. 내가 꿀잠메신저로 열심히 활동해서, 많은 이들이 취침 시간이 앞당겨지고, 아침에도 더 일찍 개운하게 눈뜨는 것이 가능해지길 바란다.

마우이 습관을 할 때 하는 말은 자신에게 좋은 말로 얼마든지 바꾸어도 좋다. 나는 이렇게 바꾸어보았다.

"오늘도 나에게 좋은 일들이 많이 생길 거야!"
"아라야, 넌 운 좋은 사람이야!"

여러분은 마우이 습관을 어떻게 적용할지 적어보고, 오늘부터 당장 해보시기 바란다. 아침에 해야 하는 것 아니냐고? 아침에 하는 게 맞다. 그런데, 나의 경우 아침에 빠뜨릴 때가 있다. 그러면 오후든 저녁이든 생각날 때 마우이 습관을 한다. 습관은 빠뜨려도, 늦게라도, 하기만 하면 되는 것이다.

여러분의 아주 작은 습관 만들기를 응원한다. 수면 기록 습관에서, 마우이 습관으로, 그리고 다양한 다른 습관으로 확장해 나갈 모습이 기대가 된다.

새벽 명상과 체조 루틴

　나는 새벽과 거리가 먼 사람이었다. 그리고 명상은 차분한 사람들, 도인 같은 사람들이 하는 것이라 생각했다. 그랬던 내가 명상을 시작하게 되었다. 세계적인 역사학자 유발 하라리도 명상을 하며 자신감을 찾고 더 행복한 삶을 누리게 되었다고 말한다.

　그는 〈21세기를 위한 21가지 제언〉이라는 책을 통해서 명상의 놀라운 효과를 전파했다. 그가 처음 명상을 시작한 건 2000년이었는데, 그 이후 매일 2시간씩 명상을 이어가고 있다고 한다. 매년 한두 달간은 휴가 겸 긴 명상 수련을 떠나고 현실 감각을 깨운다고 한다. 그러면 다시 새로운 마음으로 삶을 살아갈 수 있다는 것이다.

나는 아직 너무나 초보여서, 평일에 명상 10분을 하고 있다. 간혹 15분, 20분을 하기도 했다. 그런데 유발 하라리는 최소 2시간을 명상한다고 한다. 명상은 실체를 있는 그대로 관찰하는 것이라고 말한다. 나는 이 의미를 이해하기 위해선 열심히 명상을 하는 수밖에 없다는 생각이 든다.

나는 과학을 좋아한다. 유발 하라리의 인류3부작을 다 읽고 감명받은 한 사람이다. 이렇게 과학은 뭐든지 분석하고 파악하고 이론을 만들어 낼 수 있는데, 사람의 정신, 마음은 너무나 어렵기만 하다. 정신력을 어떻게 키우고, 타고난 성격은 못 바꾸는 것인가, 하는 의문점이 생겼다.

또한, '멘탈갑' '유리멘탈' '멘붕(멘탈붕괴)' 등의 단어를 사람들이 자주 사용하는 것을 보면 멘탈을 많이 중요시하는 것 같다. 그러면 멘탈이 강해지려면 어떻게 해야 하는가 궁금해진다.

나는 이제 막 4개월간 명상 10분을 실천해온 사람에 불과하지만 '명상'이 곧 강한 멘탈을 만드는 연습(정신 훈련)이라 생각한다. 사람들은 누구나 정신을 다른 곳에 뺏기기 쉽고, 흔들리기 쉽다는 생각이 든다. 그래도 내 마음을 다스릴 수 있는 방법이 있다는 것은 정말 감사한 일이다. 자신의 정신을 스스로 조절하는 것을 연습하는 것이 바로 명상이다. 이 연습, 이 정신 훈련에 하루 10~20분 투자하는 것은 너무나 중요하고 꼭 필요한 일이다.

꿀잠꿀팁 9.

아데노신과 카페인

꿀팁!

1. 카페인을 섭취함으로써 우리 몸에서 일어나는 일을 아시나
   요? 하루에 어느 정도의 카페인을 마시면 좋을지 검색하고, 자
   신의 기호와 컨디션 점검해보시고, 카페인 음료 마실 양을 정
   해봅시다.

2. 디카페인(de-caffeinated) 커피의 카페인 함량을 알아보고
   무카페인과 차이를 알아봅시다.

3. 수면기록을 할 때에, 커피 등의 음료를 얼마나 마셨는지에 대
   한 기록도 메모해봅시다. 나의 수면만족도가 어땠는지도 10
   점 만점으로 점수를 주어 봅시다.

꿀잠! 수면과학

우리는 졸릴 때 눈꺼풀이 점점 내려옵니다. 사람은 왜 졸리게 될까요?

지금, 여러분의 뇌 속에는 아데노신(adenosine)이라는 화학 물질이 쌓이고 있습니다. 오늘 몇 시에 일어나셨나요? 일찍 일어나신 분은 더 졸리실 것이고, 아침잠을 충분히 주무신 분은 덜 졸리실 것입니다. 깨어있는 시간이 길수록, 아데노신은 점점 더 쌓입니다. 아데노신을 오늘 아침 우리가 깨어난 뒤로 시간이 얼마나 지났는지를 계속 기록하고 있는 화학적 압력계라고 비유하면 적당합니다. 사람은 연속해서 약 16시간 동안 깨어 있을 수 있다고 합니다.

카페인을 섭취하면 잠이 깨는 이유는 카페인이 사람을 잠재우는 아데노신의 작용을 방해하기 때문입니다.

카페인은 커피, 녹차 등의 몇몇 차, 에너지 음료, 다크 초콜릿, 아이스크림, 살 빼는 약과 진통제 등에 들어있습니다. 이 카페인은 쉽게 잠들지 못하게 하고 푹 잠들지 못하게 막는 가장 흔한 범인 중 하나입니다. 그런 일이 반복되면 대개 실제 의학적 증상인 불면증으로 이어질 수도 있다고 합니다.

그래서 저는 '내가 줄일 수 있는 것 세 가지'를 정해보았습니다.

1. 커피
2. 아이스크림
3. 빵과 쿠키, 과자

커피는 하루 한 잔이면 몸에 좋다는 말도 있습니다.

하지만, 일단 카페인이 함유된 식품이고, 우리가 너무 당연하게, 맛있으니까, 집중력을 위해서, 성분을 잘 알지 못하고 섭취하곤 합니다. 혀의 미각을 충족시키기 위해 몸 전체의 건강을 돌보지 못 하면 후회할 수도 있습니다.

우선 저는 소음인이라서 커피가 제 몸에 맞지 않는다는 생각을 해왔습니다. 그럼에도 향과 맛을 즐기려고 습관적으로 한잔씩 마셔왔습니다.

갑상선암 수술 후에는 끊게 되었습니다. 아주 가끔 반 잔 정도씩 마시기는 합니다. 저는 카페인 함량을 꼭 확인하고 커피를 드셨으면 하는 바람이 있습니다. 그리고 너무 습관적으로, 그리고 내 미각을 충족시키기 위해서만 커피 등의 음료를 즐겨 찾지 않았는지를 생각해보셨으면 좋겠습니다.

커피를 마시고 싶다면 오전에 한 잔 정도로만 스스로 정하고, 몸이 들려주는 소리도 들어보셨으면 좋겠습니다. 카페인 대신, 숙면을 취하게 해달라고 몸이 말하고 있을지도 모릅니다.

꿀메일기가 뭐냐구요?
아침일기 쓰기에 도전해보세요

나는 매일 노트에 아침일기를 쓰고, 블로그에는 꿀메일기를 쓰고 있다. 작년 11월 6일부터 '꿀메일기' 포스팅을 시작했다. 오늘 보니, 딱 4개월 되었다. 1인기업가로 브랜딩하기 위해서 내 콘텐츠를 만들고 싶었고 꿀잠메신저로서는 수면기록하는 것이 핵심이고 습관에 대한 이야기를 매일 하고 싶었다. 그래서 '꿀잠메신저의 매일 습관일기'(줄여서 꿀메일기)라고 이름 붙이고 무조건 올리기 시작했다.

2020년 9월, 카카오프로젝트100 '수면 기록으로 꿀잠 자기 프로젝트'를 운영하면서부터 티스토리 블로그에 수면 정보 글 100개를 써놓았기에, 수정 보완해서 네이버 블로그에 차근히 올렸다. 하지만, 수면 정보글은 절반은 발췌글, 절반이 내 경험의 글이었다.

습관일기에는 내 경험과 생각으로 일기 쓰듯이 해야겠다고 마음먹었다. 수면 정보글과 내 습관일기가 짝꿍을 이루어서, 사람들이 꿀잠글로는 수면과학 지식을 얻고, 내 습관일기로 "나도 수면습관을 잡을 수 있겠구나" 하는 자신감이 생기도록 하고 싶었다. 나는 습관일기에 내 경험과 지혜, 조언들을 담긴 했지만, 지식을 담고 싶은 욕심이 여전히 있었다. 그래서 술술 써지지 않았다.

개인책을 쓰며 너무나 두려웠다. 내가 괴물 또는 쓰레기 책을 낳게 되는 건 아닐까 걱정되었다. 실용서라고 하지만 에세이처럼 술술 읽히고 감동도 있는 책을 쓰고 싶었는데 아직 무리라는 생각이 들었다. 실용서로서 나는 내 경험과 내용에만 집중하면 된다고 마음을 잡았다. 숙면습관 만드는 방법을 전해주는 데만 집중하자고 마음먹고 쓰고, 마음이 흐트러지면 또 정신 차리자고 나에게 말했다.

내가 글쓰기가 이렇게 힘든 건 일기 쓰기를 꾸준히 하지 않았기 때문이었다. 마음 한편에 일기 쓰기 습관을 갖고 싶다 생각을 했지만, 하다가 중단하고 또 하다가 중단했다. 일주일을 넘기기 힘들었다.

서민 교수님의 책 〈밥보다 일기〉를 2019년에 읽었다. 그때부터 꾸준히 내 글을 썼더라면 지금처럼 이렇게 힘들지 않을텐데 후회막심이다.

그나마 내가 다행으로 생각한 건 실용서에 도전한다는 것이다. 내가 과감하게 책을 내겠다고 도전한 이유는, 숙면 습관에 대한 실용서가 없었기 때문이다. 습관으로 건강을 회복하는 방법을 책으로 써서 코로나 위기를 이겨낼 수 있도록 사람들을 돕고 싶었다.

나의 경험과 지식이 사람들에게 도움이 될 거라는 확신이 있었기에, 짧은 세 달이라는 기간 동안이라도 꼭 정리해서 보여드리고 싶었다. 이 책이 꼭 필요한 분들에게 전해져서 건강에 대한 자신감을 찾게 되길 바란다. 매일 꿀잠자는 습관을 기르면서 실제로 건강해지는 계기가 되길 간절히 기도한다.

나는 왜 글을 쓰는가

2020년 나는 〈작은 아씨들〉을 읽었다. 어렸을 때 읽은 기억이 가물가물했다. 카카오프로젝트100에서 30일 완독 프로젝트에 참여했다. 30일 동안 자기 속도에 따라 책을 매일 읽고 필사한 사진 인증을 하는 것이었다. 나는 책 속 자매들의 이야기에 푹 빠져 읽었다. 필사의 즐거움도 이때 처음 느꼈다.

조의 야망은 뭔가 굉장한 일을 하는 거였다. 그게 뭔지는 아직 알 수 없었지만 시간이 지나면 자연히 알게 될 터였다. 조의 가장 큰 고통은 마음대로 책을 읽을 수도, 뛰어다닐 수도, 말을 탈 수도 없다는 사실이었다. 급한 성격과 직선적인 말투, 잠시라도 가만히 있지 못하는 기질 때문에 조

는 늘 궁지에 빠졌다. 그 때문인지 그녀의 인생은 희극과 비극 사이를 오가는 시소게임 같았다. 그러나 마치 대고모 집에서 받는 훈련은 그녀에게 필요한 부분이었다. 그리고 "조-시핀!"이라고 불리는 건 정말 싫었지만 뭔가 일을 해서 자기 생활비를 벌고 있다는 생각은 그녀를 행복하게 해주었다.

― 루이자 메이 알코트, 《작은 아씨들》, 알에이치코리아, 87쪽

나는 주인공 중에서도, '조'가 참 좋았다. 나는 '조'처럼 야망이 많았다. 교사가 될 거면 엄청 좋은 선생님이 되고 싶었다. 엄마가 되었으니 좋은 엄마가 되고 싶었다.

나는 급한 성격에다 직선적인 말투, 잠시라도 가만히 있지 못하는 기질도 '조'와 비슷하다. 늘 궁지에 빠지는 것 같고, 내 인생은 왜 이리 힘들까 생각하곤 했다.

한 가지 예로, 다른 이들은 임신을 하면 만삭을 채우고 건강하게 출산하는데, 나는 두 아이를 조기출산을 해서, 아이가 몸무게도 작고 약하게 태어나 우여곡절, 걱정이 많았다. 하지만, 아이를 작게 낳아 건강하고 씩씩한 8살, 10살과 봄을 맞이하고 있다. 이 모든 과정에 최선을 다하고, 즐기고 싶다.

2020년 우리말 겨루기 출연 준비를 하며, 방송 작가님이 전화 인터뷰에서 마지막 질문을 던지셨다.

"조아라님은 최종꿈이 무엇인가요?"

"제가 사랑하는 가족, 사람들과 좋은 시간을 많이 보내고 싶어요"라고 대답했다. 내 꿈이 소박해졌다는 생각이 들었다. 사랑하는 가족과 좋은 시간을 많이 보내고 싶은 꿈은 소박하기도 하고 평범하기도 하다. 하지만, 질병, 사고 등의 이유로 어려워지기도 한다. 그래서 엄청나게 소중하고 큰 꿈이기도 하다.

그리고 두 번째로 나는 "사랑을 실천하고 싶다"는 꿈을 말했다. 인터뷰 때에는 사랑을 실천하고 싶다는 꿈은 가족에게 사랑을 듬뿍 주고 싶다는 의미로 말했었다. 하지만 나는 내 꿈을 넓히고 싶다. 우리 가족을 우선 가장 많이 사랑하고 도울 것이다.

그리고 나는 몸과 마음이 아픈 사람들을 돕고 싶다. 건강한 수면습관을 만들도록 도와주고, 그들의 이야기를 들어주고, 공감대화를 나누는 사람이 되고 싶다. 강사들을 가르치는 DID마스터 송수용 대표님은 말씀해주셨다.

"강사는 강연으로 사랑을 전하는 사람입니다."

나는 작가와 강사로서 선한 영향력을 주는 사람이 되고 싶다. 내가 글을 쓰는 이유이다. 아직 부족한 글이라는 생각에 책을 낼 수 있을까 걱정했지만 도전하는 것을 선택했다. 매일 글 쓰는 사람이 되겠다. 그리고 건강 습관을 평생습관으로 장착할 수 있게 도와주는 강사로! 공감대화 코치로! 살고 싶다.

꿀잠꿀팁 10.

수면과 알코올

꿀팁!

1. 이번 주에 음주 계획이 있는지 점검해봅시다.

2. 음주를 한 날의 수면과 하지 않은 날의 수면을 구체적인 수면 기록을 통해 비교해봅시다. 정확한 수치, 나의 수면만족도를 적어보시기 바랍니다.

3. 알코올이 아니더라도, 숙면을 위해 어떤 음식을 먹고 어떤 음식을 먹지 않을지 정해봅시다.

꿀잠! 수면과학

저는 술을 적당히 마시면 잠을 푹 자는 것으로 알고 있었습니다. 저희 할머니, 할아버지는 평생 농사를 지으셨습니다. 할아버지는 특히 식사와 함께 반주를 드시는 것을 좋아하셨습니다. 저희 친정 부모님도 지금 퇴직 후에 전업으로 농사를 지으십니다.

아버지도 반주를 좋아하십니다. 저는 함께 술을 마시며 대화를 나눌 수 있어서 좋다고 생각했는데, 암 수술 후에는 술을 끊었습니다. 이제 아빠와 신랑이 걱정됩니다. 아빠는 과하게 드시지는 않지만 특히 밤술을 조심하시라고 말씀드리고 있습니다.

알코올은 진정제라는 약물의 일종이라고 합니다. 따라서 진정 상태로 잠이 드는 건데, 진정 상태는 진정한 잠이 아니라고 수면 과학은 말합니다. 알코올은 가장 강력한 렘수면 억제제 중 하나라고도 하니 결코 숙면에 도움이 되지 않습니다.

> 밤술이 잠에 미치는 효과야말로 최악이다. 알코올은 인위적인 진정 작용을 일으키는 차원을 넘어서, 추가로 두 가지 방식으로 잠을 엉망으로 만든다.
> 첫째, 알코올은 밤에 시시때때로 깨게 함으로써 잠을 조각낸다.
> 둘째, 알코올은 우리가 알고 있는 가장 강력한 렘수면 억제제 중 하나다.
>
> — 매슈 워커, 《우리는 왜 잠을 자야 할까》, 열린책들, 386쪽

꿈을 꾸지 않고 잔다고 해서 숙면은 아닙니다. 꿈이 기억나지

않을 뿐이지, 우리는 꿈을 꾸는 렘수면을 매일 자고 있습니다. 앞에서 말했듯이, 렘수면과 비렘수면 둘 다 충분히 자야 한다는 것을 기억해주시기 바랍니다.

알코올은 수면을 조각내고, 렘수면을 방해함으로써 꼭 필요한 최소한의 잠을 잘 수 없게 합니다. 그러면 자는 동안 몸이 원활하게 회복되지 않을 가능성이 높아집니다. 되도록이면 밤술을 피하고 정 술을 마시려면 낮술을 권합니다.

수면과학자 매슈 워커의 정직한 조언은 술을 끊으라고 말하고 있습니다. 여러분의 선택입니다. 우리 자신의 몸 안에서 일어나는 일을 관심 있게 바라보며 자신에게 맞는 선택들을 해 나가시길 바랍니다.

매일 나의 긍정적인 면을
하나씩 적어보세요

수면 기록과 함께 하면 좋은 습관을 하나 소개한다. 일기장에 매일 나의 장점을 하나씩 찾아서 한 문장 또는 세 줄 정도로 적어 보는 것이다. 다이어리도 좋고, 확언 쓰기 노트에 적어도 좋다. 사실, 하루에 30가지를 다 쓸 수도 있지만 매일 하나씩 찾는 것이 더 깊이 있게 나를 들여다볼 수 있는 시간이 될 거라고 생각한다.

카카오프로젝트100에서 내가 참여했던 30일 동안의 프로젝트였다. '매일매일 30가지 나의 긍정적인 면 찾기'라는 제목이었고, 2020년 10월부터 11월까지 참여했었다. 그래서 한 달간 찾아본 나의 30가지의 장점과 거기에 어울리는 사진 30개를 함께 블로그에 포스팅했다. 사진도 내 장점에 어울리는 사진을 매일 하나씩 찾아서 저장해두니 참 좋았다.

여러분도 이번 봄에 한 번 해보면 어떨까? 사실, 매일 블로그에 포스팅하는 것도 방법이다. 하지만, 아직 블로그가 익숙하지 않거나 부담이 되는 분도 작은 노트나 일기장에 자신의 장점 찾기부터 하루에 하나씩 해보자. 사소한 나의 숨은 장점도 찾아볼 수 있고 나를 인정하고 자신감을 되찾는 계기가 될 수 있다.

나의 30가지 장점을 공개한다. 이걸 보시고, "아니, 이런 것도 적다니?" 하고 놀라실 수도 있다. 사람들마다 느끼는 것이 다를 것이다. '작은 게 작은 게 아니고 큰 게 큰 것이 아닐 수도 있다'라는 말을 멘토님께 듣고 일기장에도 써놓았다. 마음에 명심하고 살 것이다. 아무리 작더라도 자신이 좋아하는 것과 잘하는 것을 써보자. 매일 일기장에 조금씩 써보면 누적이 되어 뿌듯함과 즐거움을 느낄 수 있다. 블로그에 어울리는 사진과 함께 포스팅해도 참 좋겠다. 여기 이 책에, 내가 찾은 나의 장점들은 여러분 각자의 장점을 찾는 데에 참고로 보아주시면 좋겠다.

나는 다음 30가지 장점을 가진 사람이다.

1) 나는 잘 자고 잘 일어나는 사람이다! 나는 꿀잠 6~7시간을 자는 건강한 사람이다. 참고로, 내 별명 중에 코알라가 있다. 귀여운 코알라처럼 나는 꿀잠을 사랑한다.

2) 나는 잘 웃는다. 나는 웃는 모습이 예쁘다. 친구들과 주변 사람들이 인정해주는 나의 매력이다. 〈빨강머리앤〉 만화 영화 노래 가사처럼, 나는 "예쁘지는 않지만 사랑스러워"에 어울리는 사랑스런 미소의 소유자다.

3) 작은 것이든 큰 것이든 도전하기를 좋아한다. 두려움도 있지만 두려움을 이용도 하고 마음을 컨트롤 하는 편이다. 문득, 작은 신체 장애를 가진 우리 둘째 아이가 생각난다. 다리가 약하지만 계단오르기 내리기를 매번 씩씩하게 해내는 우리 딸내미가 대견하고 고맙다. 나도 작은 도전부터 차근히 하는 모습을 보여주고 싶다.

4) 나 스스로 할 일과, 주위 사람들의 도움이 적절히 필요한 일

을 구분을 잘한다. 10년 전에는 구분을 잘 못하고 혼자 너무 힘들어 하기도 했다. 하지만, 지금은 신랑과 의논하고 할 수 있는 일을 구분하여 해결하는 편이다. '요청의 힘'도 중요하다는 것을 깨닫고, 아이들에게 도움을 청하고 함께 하기도 하고 주위 사람들과 일을 나누어 함께 하는 것을 좋아한다.

5) 나는 블로그를 운영하는 사람이다. 2020년 3월 13일에 시작했다. "늦은 것은 없다"는 말을 좋아한다. 35살에 블로그를 일단 시작했고 37세인 지금 즐겁게 기록하고 공유하는 기쁨을 누리고 있다.

6) 나는 하루 세 줄 감사일기를 쓰는 사람이다. 이 세 줄 감사일기도 2020년 하반기부터 매일매일 계속 쓰고 있어서 습관이 되었고 아침 루틴이 되었다. 감사할 일을 찾아내어 감사하고 기록하면서 행복감이 솟아난다. 하루를 감사로 시작할 수 있어 기쁘다.

7) 나는 책을 좋아한다. 매일 책을 읽고, 기록도 하고 있다. 매일 글쓰기 습관 만들기는 현재 진행중이다. 책을 읽을 때는

본깨적 노트(본 것, 깨달은 것, 적용할 것을 쓰는 방법)에 메모하며 쓰려고 노력한다. 일단 꿀잠 독서 모임 책을 읽을 때는 무조건 본깨적 노트를 사용한다. 책에도 밑줄과 메모를 많이 한다. 그리고 '전략독서'를 하고, 그 책에 대한 리뷰는 꼭 블로그에 후기를 쓰고 있다.

8) 나는 끊임없이 배우려고 노력한다. 나는 '배움'에 강점을 가지고 있는 사람이다.

9) 나는 습관의 중요성을 깨달았고, 아주 작은 습관부터 실천하고 있다. 하루 빠지더라도 이틀은 빠지지 않는다. 이제 자신감이 생겼다. 수면 기록, 아침 일기 쓰기, 본깨적 노트 쓰기 이러한 습관들을 이틀은 빠지지 않는다는 마음으로 하니 좀 더 실행력이 높아지고 자신감이 생겼다.

10) 나는 노래를 듣기와 부르기를 좋아한다. 특히 나는 우리 아이들에게 자장가를 잘 불러준다. 매일 불러주는 편인데, 요즘 피곤해서 바로 잠드느라, 자장가를 쉬기도 해서 아쉽다. 다시 즐기며 열심히 불러줘야겠다.

11) 나는 음식을 골고루 잘 먹는다. 또 소화기관이 튼튼해서 소화도 잘되고 큰 볼일도 잘 본다. 면역력에 장 건강이 중요하고, 배출하는 것은 신체건강에 매우 중요하니, 나는 이렇게 건강한 몸을 가지고 있어서 감사하다.

12) 나는 벼락치기를 잘한다. 벼락치기 공부, 벼락치기 행정 업무처리도 잘했다. 집중력이 강하다고도 볼 수 있지만, 이 것은 장점이자 단점임을 인정한다. '임기응변'이 영어로 adaptation to circumstances(환경에 적응하기)이다. 적응능력이 뛰어나다고 표현도 해본다. 하지만 아주 급할때 이 장점을 활용해야겠고, 평소엔 '꾸준하게' 일 잘하는 사람이고 싶다.

13) 나는 호기심이 많고 추진력이 강하다. 호기심이 많아서 책을 다양하게 보고 핵심을 잘 파악하고 다른 사람에게 쉽게 설명해줄 수 있다. 추진력이 강하여 강사로서 작가로서 도전하고 있다.

14) 나는 잘못이나 실수했을 때 인정을 빠르게 하는 편이다.

그리고 진심으로 사과하려고 노력한다.

15) 나는 아들과 딸을 둔 부모가 된 것이 감사하다. 나는 '권위 적인 부모'가 아닌 행동과 말에서 권위가 자연스럽게 보이는 '권위 있는' 부모가 되려고 노력한다.

16) 편식을 하지 않고 골고루 잘 먹는다. 또 밥을 천천히 먹는 편이다. 신 음식을 좋아한다. 신 음식도 적당히 먹으면 좋다고 하니 이것도 장점에 포함시켜본다.

17) 나는 걷기와 달리기를 매우 좋아한다. 문제는 지난 겨울 부터 춥다는 핑계로 그리고 글쓰기를 하느라 소홀히 하고 있다는 것이다. 아침마다 규칙적으로 파워워킹하는 습관을 길러야겠다.

18) 나는 물을 많이 마신다. 카페인, 알코올은 가끔 마신다. 대신 건강을 위해 레몬, 생강차 등을 마시는 것을 선택한다.

19) 나는 동물, 식물, 곤충에 대한 경외심이 있다. 최재천 교수

님의 책 〈생명이 있는 것은 다 아름답다〉 제목처럼 이 말
을 마음에 품고 산다. 요즘엔 우리집 10살, 8살 아이들이
동물과 식물을 좋아하고 잘 어울려 노는 것을 보면 참 신
기하고 흐뭇하다. 사실, 반려동물을 키워본 경험은 짧게
햄스터를 키워보고 병아리를 키워본 경험밖에 없다. 하
지만 개와 고양이를 좋아하는 신랑과 아이들 덕분에 나중
에 꼭 키워보고 싶다.

그리고 단점은 화분을 잘 못 키운다는 것이다. 그래도 아
이들과 2020년부터 조금씩 시도하며 키우며 관찰하고 있
다. 올해는 땅 위에서 텃밭은 못 가꾸지만, 아이들과 꽃씨
와 상추씨를 화분에 심고 싹이 나오는 것을 즐겁게 지켜
보고 있다.

20) 과일을 잘 깎는다. 손재주가 있는 편이다. 글씨는 잘 못쓰
지만 빨리 쓸 수 있다. 오늘은 쥐어짜내서 내 장점을 찾아
보았다. 그래도 나는 내가 과일을 잘 깎아서, 글씨를 빨리
써서, 손재주가 조금이라도 있어서 좋다.

21) 나는 놀이를 중요시 여긴다. 나도 노는 게 좋고. 신랑이 노

는 것도 존중하고, 아이들이 노는 것도 존중한다. 아이들은 특히 놀이밥이라는 말을 쓸만큼 중요하다고 생각해 '함께 놀 때는 즐거운 엄마'가 되려고 한다. 진짜 밥도 세끼 식사, 반찬을 골고루 챙겨주려 노력해야겠다.

22) 나는 목소리가 크다. 크고 분명하게 말하는 편이다. 하지만 경상도 사투리 억양이 남아있다. 큰 목소리가 단점이 될 때도 있다. 속삭이는 것을 잘 못한다.

23) 나는 살이 잘 안 찌는 체질이다. 뱃살, 하반신은 찐다.

24) 강의를 들으며 필기를 잘하고 요약을 잘한다. 다른 사람의 말이나 글 속에서도 요점을 잘 파악한다. 영어 원서도 읽고 해석이 잘 되는 편이다. (원서읽기도 하루 한 페이지라도 습관을 갖고 싶다.)

25) 나는 고집이 세다. 장점이자 단점이 되기도 한다. 내가 찾은 다음 영어 문장도 참 좋아서 옮겨 본다. "I am stubborn but I am committed to what I like to do." 나는 고집이

세다. 하지만 나는 내가 좋아하는 일에 헌신적이다. 나는 열정적이다.

26) 나는 감사한 일들을 잘 찾고 감사할 줄 안다. 그리고 공감 대화로 감사표현을 잘한다. 스스로 뿌듯함과 기쁨을 공감 대화로 표현할 줄 안다.

27) 모든 일에는 플러스(좋은 점), 마이너스(안 좋은 점) 요소들이 있다는 말을 들었고 나도 그렇게 믿는다. 나는 그래서 임기응변이 강한 편이다. 상황판단을 빨리 하고 해결점을 찾는다. 단기간에 해결 못하는 부분은 장기적으로 넘기고, 포기가 빠르다. 어제는 내 가방 속 텀블러 물이 쏟아졌다. 읽던 책과 다이어리가 젖고 소지품도 젖었지만 그나마 내 애정책은 아니고, 다이어리도 두 달만 남았으니 위로가 된다. 물에 젖어도 두 가지 다 이용가능하다!

28) 나는 자기계발(자기성장)을 꾸준히 하는 사람이다. 나는 하고잽이라는 별명을 가졌다 그 뜻은 뭐든 하고 싶어 하는, 일을 만들어서 하는 일 욕심 많은 사람을 말한다. '하고잽

이'는 '하고잡이'의 경상도 사투리다.

29) 자연을 사랑한다. 쓰레기를 적게 만드려고 노력한다. 일회용품 사용을 줄이려고 노력한다. 초록을 사랑한다.

30) 나는 꾸준하다. 네이버 국어사전에서 '꾸준하다'를 찾아보니, '한결같이 부지런하고 끈기가 있다'는 뜻이다.
〈매일매일 하나씩! 30개의 나의 긍정적인 면 찾기〉를 꾸준하게 해왔다. 하루는 인증을 놓쳤지만 '아쉽'으로 기록했다. 실수가 있어도 괜찮다. 앞으로도 나는 하고 싶은 일을 꾸준히 횟수를 늘려갈 것이다. 〈아주 작은 습관의 힘〉이라는 책에서 내가 가장 좋았던 문장이 바로 이것이다. '차이를 만드는 것은 횟수다'.

내가 받은 최고의 말

'한달어스' 글쓰기 모임 리더로부터, "당신이 사람들로부터 받은 최고의 말은 무엇인가요?" 라는 질문지를 받은 적이 있다.

일단, '최고'라는 말을 빼고, 나는 어떤 말을 들을 때 행복한가? 나에게 질문해보았다. 나는 누군가에게 도움을 주고 진심 어린 고마움의 말을 들을 때가 행복하다. 남편이 나에게 고맙다는 말을 건넬 때, 아이들이 고맙다고 생글생글 웃으며 말할 때, 부모님들께 마음을 담은 편지를 드리고, 기뻐하며 웃으시는 부모님 얼굴을 볼 때이다.

예전, 내가 만났던 학생들이 "아라쌤 좋아요!"라고 표현할 때도 난 웃으며 받아주며 "나도 니가 좋아." 대답하곤 했다. 내 수업이 좋아서도 아니고(수학수업 좋아하기 쉽지 않다), 단순히 자신의 취향에 따라, 나의 자상함을 좋아해주었던 것 같다.

내 인생에서 최고의 말을 기억하기 위해서는 기억을 거슬러 가야 하는데, 잘 기억이 안났다. '최고의 말 질문'을 받은 그날은 새벽 6시에 일어났는데, 글을 쓸 수 있는 시간이 짧아서 고민을 오래 하기가 싫기도 했다. 그리고, 내 인생의 최고의 말은 계속 바뀌는 게 행복한 일일 것이다. 지난주에 최고의 말을 들었는데, 오늘 또 다른 최고의 말을 들으면 그것으로 교체가 될 것이니까 말이다.

난 카카오톡으로 내 블로그 글 링크를 지인에게 보내주었다. 그때 쓴 글은 '글을 쓰고 싶은 이유'였다.

"읽어봐주세요. 어제부터 강제성 있는 글쓰기 시작해서요. 싫다는 말씀 없으시면 글 배달할 거예요"라고 보냈다.

그리고 30분쯤 후 답장이 왔다.

"예전에도 그렇고 지금도 그렇고 앞으로도 응원하고 지켜봐 드릴께요~♥ 늘 새로운 도전을 하고 혹여 실패하거나 멈춤으로 끝나도 포기하지 않는 아라씨를 응원해요."

이 메세지가 왔다. 최고의 칭찬과 응원을 들어서 하루 종일 행복했다. 그리고 지금 이 생각을 떠올리기만 해도 행복하다.

나의 강점은 "실패하거나 멈춤으로 끝나도 포기하지 않는 모습이다"라고 되뇌이며, 나를 셀프칭찬도 해주고, 행정직 업무도 열심히 배우고, 아들 딸에게도 공감의 말로 표현하기 위해 노력했다.

인생샷, 인생영화, 인생곡, 최애음식, 최애여행지 등의 말이 유행이다. 나는 예전에 비해, 자신이 좋아하는 것을 당당히 말하고 소개하는 요즘의 문화가 반갑다. 86년생인 내가 어렸을 때에는 같은 가수를 좋아하고 비슷한 유행을 따라 하는 게 자연스러웠기 때문이다.

사실은, 사람들마다 취향이 다르고, 좋아하는 사람, 좋아하는 말도 다르다.

"저는 이런 말, 이런 칭찬을 좋아하니 이렇게 말해주세요"라고 가족이나 주위 사람들에게 직접적으로 표현하는 것도 좋을 것 같다. 자기를 당당하게 표현하고, 내가 듣고 싶은 말을 직접 표현하는 것이 공감대화라고 생각한다. 공감대화를 꾸준히 배우고 내 것으로 만들고 싶다. 엄마로 성장하는 내 모습을 기록하기 위해, 육아를 하며 느끼는 생각들도 블로그에 조금씩 써야겠다.

2020년 춘천 '있는 그대로' 라는 작은 책방에서 하는 부모교육을 갔었다. '부모 내비게이션'이라는 워크숍이었다. 목적지 설정의 시간. 어떤 부모가 되고 싶은가에 대해, 구체적으로 질문하는 것이 도움이 될 것이라며 강사님은 이렇게 질문하셨다.

"2020년 12월 31일에, 자녀들에게 '엄마는 올해 어떤 엄마였어?' 라고 질문했을 때, 어떤 말을 듣고 싶으세요?"

나는 3분 남짓의 고민 후에, 워크북에 적었다.

"올해, 엄마는 같이 놀 때 재밌는 엄마였지"라고 2020년 12월 31일에 우리 은방울 남매로부터 듣고 싶다고 말씀드렸다.

막상 2020년 12월 31일에 은남매에게 물어보지 못했다. 그래도 아이들이 안 놀아준다고 보채거나 말한 적이 별로 없었던 걸

보면, 2020년은 후회 없이 신나게 살았다. 인제 기린초등학교 관사로 이사 간 후 아이들과 운동장, 놀이터, 텃밭, 동네를 누비며 많이 놀았다. 코로나 시국이지만 밖에서 자주 놀고, 인제의 산과 계곡에도 놀러갈 수 있음에 감사했다.

2021년은 좀 후회가 남았다. '같이 놀 때 재밌는 엄마'가 되고 싶었는데, 내 자신의 습관을 잡아 나가고 갑상선암 수술도 하고 변화가 많았던 한 해여서 많은 시간을 함께 놀지는 못했다. 그림책 읽어주기와 마사지, 자장가 불러주기도 했다가 안 했다가 너무 기복이 많았다. 미안하다. 엄마가 건강해야 한다. 엄마가 행복해야 아이에게도 사랑과 관심을 듬뿍 줄 수 있다.

2022년의 나의 목적지 설정을 해본다. 3월초이지만 뭐 어떤가. 지금부터라도 목적지를 정해 내비게이션을 설정해 그 모습이 되기 위해 하루하루 실천하면 된다.

"2022년 12월 31일에, 나는 은남매에게 '엄마는 올해 어떤 엄마였어?' 라고 질문했을 때, 어떤 말을 듣고 싶지?"

이렇게 자문해본다.

"응, 엄마는 공부할 땐 공부하고, 놀 땐 노는 엄마지."

이 말을 듣고 싶다. 내가 책 쓰기 시간을 더 마련하고 싶어하자, 시간을 정해서 남편이 아이들을 맡아주었다. 나는 남편과 아이들 덕분에 일정시간 도서관에서 집중하여 글을 쓸 수 있었다. 나는 공부하는 엄마, 글 쓰는 엄마다. 그리고 은남매가 국어, 한자, 영어, 수학 등을 공부할 때 함께 도와주는 엄마다.

"엄마는 딱 한 가지에 집중하는게 좋아!"라고 강조한다. 아이들이니 산만해지고 왔다 갔다 해서 버럭 하기도 했다. 공감대화로 나의 바람을 표현하니 아이들도 조금씩 지킬 건 지켜주면서 수다를 떤다. 다행이다. 우리집에는 8살 수다양과 10살의 터무니없어씨가 살고 있다. 수다를 하느라 밥먹는 데 오래 걸리는 수다양, 네모난 눈덩이를 만드는 터무니없어씨. 나는 공부할 땐 공부하고, 놀땐 아이들과 노는 것에 집중하는 엄마가 되고 싶다. 물론 남편과도 놀고 싶고, 혼자 놀기도 할 것이다.

나는 복이 많다. 나를 좋아해주고 지켜봐주는 남편과 아이들에게 감사하고, 걱정해주시고 도와주시는 부모님들께 너무나 감사드린다. 나에게 '최고의 말'은 '감사의 말'이다. 최고의 말을 사랑하는 가족들에게 듬뿍, 많이 표현해야겠다. 그리고 2022년 12월 31일에는 꼭 이 말을 들을 것이다.

"엄마가 어떤 엄마였냐구? 책 쓰느라 공부하느라 혼자 엄청 집중했지만, 놀 땐 우리랑 놀아주고 책도 읽어주고 자장가도 불러주는 엄마였지."

꿀잠꿀팁 11.
잠을 방해하는 조명과 디지털기기

꿀팁!

1. 디지털 디톡스(Digital Detox)는 무엇일까요?

2. 디지털기기를 적절히 사용하는 나만의 방법을 적어봅시다.

3. 디지털기기를 수면기록에 이용하고 수면건강을 위해 지혜롭게 사용하는 방법을 실천해봅시다.

꿀잠! 수면과학

이제는 행성 지구의 자전 메커니즘이 아니라, 우리 자신이 언제가 '밤'이고 언제가 '낮'일지를 결정할 수 있었다.

– 매슈 워커, 《우리는 왜 잠을 자야 할까》, 열린책들, 378쪽

사람들은 이제 스스로 낮과 밤을 결정한다는 말에 동의하시나요? 조명과 디지털기기로 인해, 이제는 자연의 24시간 주기보다는, 각자의 생활 패턴대로 살아가는 사람들이 많습니다. 24시간 식당과 편의점도 있고 인터넷은 24시간 쉼 없이 연결되어 있기 때문입니다.

제가 조합원으로 활동하는 디지털교육 협동조합 '소요' 사이트는 "밤에는 쉼의 시간이 있습니다"라고 문구로 설명해주고 있습니다.

어린아이들이 낮 내내, 그리고 밤에도 기회가 있을 때마다 태블릿을 사용하는 모습을 많이 볼 수 있습니다. 우리 아이들의 삶과 교육을 풍성하게 하기도 하지만, 저는 걱정이 앞섭니다. 영상과 게임 등의 자극은 매우 크므로, 부모가 함께 좋은 정보를 찾는 과정을 배우고 연습해 나가야 한다고 생각합니다.

이 LED기술은 수면에 해를 끼치는 강력한 청색광으로 눈과 뇌를 현혹시키기도 합니다. 발달하고 있는 어린 뇌가 잘 자라기 위해서는 잠이 더더욱 중요하다고 하겠습니다. 어른이라고 괜찮은 것은 아닐 것입니다. 어른도 LED의 영향을 당연히 많이 받을 것입니다.

스마트폰, 태블릿을 어린아이들이 많이 사용하게 되면 일어나는 부정적 영향에 대해 많이들 이야기합니다. 사이버중독, 스마트폰중독의 위험이 있고, 시력이 나빠지고, 뇌의 발달에도 좋지 않은 영향을 준다고 합니다.

〈우리는 왜 잠을 자야 할까〉의 수면과학자 매슈 워커는 한 가지 중요한 이유를 더 제시합니다. 바로 아이들의 절실한 잠에 스마트기기 사용이 해를 끼친다는 것입니다.

저자는 스마트기기 사용이 우리들의 수면에(어린아이들에게도!) 영향을 끼쳐서, 첫째로, 렘수면을 잃어버리고, 둘째로, 안정되지 못하고 졸리게 하며, 셋째로, 멜라토닌 농도 증가가 지연된다는 점을 지적합니다.

TV, 컴퓨터, 스마트폰을 사용한 후에는 잠에 쉽게 들지 못하거나 개운하게 자고 일어나지 못하는 결과를 가져옵니다. 저녁시간에는 아이들이 디지털기기 사용을 줄이고 잠들기 1시간 전에는 아예 하지 않는 습관을 들여야겠습니다. 물론 저도 함께 실천해야겠습니다.

꿀잠 독서 모임 이야기

3월 5일 토요일 새벽 6시. 줌회의실에 꿀독에 빠진 사람들이 모였다. 꿀잠 독서 모임(줄여서 '꿀독'이다) 3기 멤버는 총 7명, 오늘은 한 분이 아프셔서 못 오셨다.

오늘은 3기 오리엔테이션도 하고 보물지도를 발표도 하기로 했다. 나의 제안으로 일주일 만에 준비해서 발표하기로 한 거라 반응이 어떨지 떨리는 마음으로 진행했다. 처음 오신 분의 자기소개도 듣고 다른 분들의 소개도 들었다. 1기부터 쭉 해오신 분, 2기부터 오신 분, 3기부터 오신 분이 계시지만 다 함께 편안하게 대화나눌 수 있어서 다행이고 기뻤다.

꿀독 2기 〈원씽〉이 끝나갈 무렵, 나는 또 하나의 책 〈당신의 소중한 꿈을 이루는 보물지도〉를 읽게 되었다. 나의 꿈 나의 목표를 구체화하고 시각화하는 것이 중요하다는 것을 깨달았다. 완독을 해야 직성이 풀리는 나이지만, 이 책만은 '완독이 목표가 아니다'라는 생각이 번쩍 들었다.

그래서 2월 20일, 나는 우리 은남매와 보물지도를 하나씩 만들었다. 나만의 보물지도! 아이들도 나도 난생처음 하는 거라 신나게 만들었다. '코르크보드를 사서 만들어야 하나? 준비가 되면 할까'라고 망설임도 있었지만 미루기가 싫었다. 그리고 여름에 이사할 예정이어서, 코르크보드가 파손될 위험보다 그냥 종이를 돌돌 말아서 가져가는 게 안전하겠다는 생각이 들었다. 이럴 때 필요한 것은 바로, 커다란 달력 뒷면이다! 그다음은 잡지다! 잡지를 구독하지 않지만, 작년에 근무했던 기린초등학교 도서실에서 받았던 〈어린이동산〉 과월호와 춘천시립도서관 행사 때 받은 〈전원생활〉이 있어서 잡지에서 원하는 사진을 많이 찾을 수 있었다.

아이들은 척척 금세 뚝딱 만들었다. 8살 딸은 여행 가고 싶은 곳 사진, 꽃사진 등으로 꾸몄다. '가족이랑 같이 여행 가기' '내가 하고 싶은 꿈은 가수'라고 아주 큼지막하게 또박또박 써놓아서 금방 완성되었다. 10살인 아들은 더 신중하게 사진을 고르고, 싸인펜으로 그림도 그리고 설명도 기발하게 적었다. 기와집 안에 선비가 꽃과 함께 있는 그림이 있었는데, 거기에 '꽃과 전자기계 등을 연구하겠다라고 적었다. 전자기계 발명 과학자가 된다는 첫째 아이다. 나는 꽤 오래 걸려서 고심해서 만들었다. 내가 좋아하는 이슬아 작가님 사진을 붙이고 작가님과 같은 베스트셀러 작가, 스테디셀러 작가가 되겠다고 적었다. 100억 자산가가 되어 학교를 세우는 것도 내 목표다.

채팅방에서 사다리타기로 이미 순서를 정해놓아서 순서대로 보물지도 발표 진행을 했다. 사용하지 않는 폰 카메라를 하나 더 설치해두신 선배님(우리 독서 모임에서 모두를 선배님으로 호칭한다)이 직접 커다란 종이에 만든 보물지도를 비춰주시며 설명해주셔서 재밌게 들었다. 현재 중등교사로 성실히 일하시는 분인데 '생명을 살리는 작가'가 되겠다고 선언하셨다. 두 달간 선배님의 열정과 꾸준함을 보아서 그런지, 그 꿈이 꼭 이루어질 거라는 믿음이 생겼다.

그리고 3기에 새로 오신 분의 순서였다. 〈보물지도〉 책을 읽고 전부터 만드려고 했는데 이번 기회에 만들어서 기쁘다고 활짝 웃으시며 말씀해주셔서 기뻤다. 선배님의 블로그 닉네임이 '변화혁명가'이셔서 궁금했는데, 부드러운 카리스마를 가지신 선배님이셨다. 코르크보드를 정말 활용을 잘하셨고 핵심 4가지의 목표를 넣으셔서 눈에도 확 잘 들어왔다. 앞으로의 멋진 성장이 기대

되었다.

같은 지역에 사는 선배님의 차례, 프린터의 고장으로 마인드 맵만 가져와서 아쉬워 하셨지만 내용은 정말 알차고 발표를 듣는 동안 우리 모두 함께 행복해졌다. '행복한 꿈을 느끼는 호텔' 사장님께 우리는 미리 예약을 했다.

네 번째에는 '발명가 ○○○의 보물지도'라는 멋진 제목으로 예쁜 보물지도를 보여주서서 함께 감탄했다. 마이크로소프트 화이트보드(Micosoft Whiteboard)를 활용하니 컴퓨터로 만들기가 수월하고 재밌어 보였다. 역시, 도구를 배워둘 필요가 있다. 선배님은 수면기록 프로젝트와 꿀독 참여로 새벽 기상이 안정화되고, 이제는 자신과 가족을 위해 건강한 식습관에 관한 책을 보며 실천해보고 있다고 하셨다. 하고 싶은 여행, 갖고 싶은 것을 많이 찾았는데, 가치관과 목적의식에 부합하는지는 좀 더 고민해보겠다고 하신 말씀에도 끄덕이며 공감했다.

다섯 번째로 발표하신 선배님은 급하게 만드셨다고했지만 눈에 확 들어오게 잘 만들어주셨다. 가운데 가족사진을 넣으시고, 만다라트 모양으로 목표 8가지를 눈에 잘 들어오게 핵심을 넣으셨다. 가족을 생각하는 마음도 느껴지고, 주 1회 자원봉사를 하신다는 말씀에 모두들 놀라고 존경의 감탄사를 보내드렸다.

마지막으로는 내 발표여서 이번에 만든 자기소개 마인드맵을 보여드리며 내 경력과 앞으로의 계획을 말씀드릴 수 있어서 좋았다. 그리고 7년 전 꿈리스트와 2021년의 꿈리스트를 보여드렸다. 다시 점검하고 하나씩 이루어갈 생각에 설레는 마음이다. 전날 내 PPT 자료를 만들면서 마지막에 어떤 말을 넣을까 생각하다가, 우리 회원님들과 나의 3년 뒤의 모습이 너무나 궁금해졌다! 그래서, "우리 3년 뒤의 모습은 어떻게 변화되고 성장해 있을까요?"라는 물음을 던지며, 2025년 3월 5일 새벽 6시에 줌미팅을 하자고 제안했다. "우리 모두 3년 뒤엔 무엇이든 더 구체화하고 성장하는 과정에 있을 거라고 생각해요. 무언가를 꽉 잡고 가고 있는 것 하나라도 있다면 자기를 칭찬해주고 서로 축하해주고 그랬으면 좋겠어요."라고 말씀드리자 다들 좋아하셨다.

이날 참석 못하신 한 분의 선배님께도 보물지도를 다음 모임 때 발표해 주시기를 요청드리고, 3년 뒤 모임도 가능한지 여쭤봤다. 너무나 흔쾌히 3년 뒤에 당연히 만나고 싶다고 오프라인으로 만날 수 있게 집에 초대하고 싶다고 말씀해주셨다. 나는 완전 감동받았다. 꿀잠 독서 모임으로 이렇게 좋은 분들과 인연 맺으며 함께 성장할 수 있어서 기뻤다.

매월 한 권의 책을 읽는 우리 꿀잠 독서 모임은 토요일 새벽 6시에서 7시 30분까지 온라인 줌 모임을 한다. 그리고 책 읽기 인증도 매일 하며 독서습관을 기른다. 서로의 생각을 나누며 함께 독서하고 성장할 수 있는 꿀독 모임을 권해드리고 싶다. 관심 있는 분은 내 블로그 공지를 확인해보셨으면 한다. 온라인에는 다양한 독서 모임이 많이 있고, 오프라인에도 많다. 자신에게 맞는 모임에 참여하며 독서의 즐거움을 나누어보면 어떨까?

매일 꿀잠 자며 꿈잠지기가 되다

나는 기록하는 사람이 되고 싶다는 단순한 마음에 티스토리 블로그를 시작했다. 닉네임은 '공감사이다'였다. 사이다 이름이 아니다. 공감대화를 인생의 화두, 지향점으로 삼겠다고 생각하고, 사람들과 "공감하는 사이가 된다"는 뜻으로 지었다. "공감대화를 사이다처럼 시원하게 말하는 사람"이 되고 싶은 마음도 담았다.

2020년 9월 수면기록 프로젝트를 처음 시작했을 때는, 닉네임을 공감사이다로 그대로 적었다. 그리고 2021년 시즌4로 다시 시작했을 때 이름에 대해 고민을 많이 했다. '나는 매일 꿀잠 자고 싶은데, 다른 사람들도 그렇지 않을까?' 나는 이 생각을 출발점으로, 〈매일 취침/기상 기록으로 꿀잠 자기 프로젝트〉라고 이름지었다. 내가 보아도 핵심만 담아서 잘 지었다고 생각되어 뿌듯했다. 그래서 내 닉네임은 "꿀잠 매니저"가 되었다. 프로젝트를 개설하고 운영하는 사람을 매니저로 칭했기 때문이었다. 나는 매니저 역할이 좋았다. 사람들이 수면기록을 꾸준히 하도록 북돋위주고, 수면 정보글을 올리고, 수면통계도 엑셀파일로 만들어서 드렸다. 다들 좋아하고 반겨주셔서 나도 기뻤다.

"메신저(messenger)"라는 단어와 뜻을 알게된 것은 박현근 코치님의 저자특강을 통해서였다. 메신저란 '자신의 경험과 지식으로 조언을 제공하고 대가를 받는 사람'이라고 한다. 강사도 메신저이고, 코치, 상담사도 메신저가 되는구나 하는 것을 처음 알았다. 사람들을 돕는 역할을 하고, 돈도 벌 수 있다니 메신저가 무엇인지 더 알아봐야겠다고 마음먹었다. 그리고 계속해서 책과 1인기업 수업으로 공부했다. 꾸준히 나만의 콘텐츠를 만들고 실행하고 있다.

나는 아직 배워야 할 게 많다. 1인기업 경영에 관한 것도 더 배우고 스스로 터득하고 실행해 나갈 것이다. 코칭도 배워서 적용할 수 있을 정도로 연습도 많이 해야겠다. 그런데 부담을 많이 느끼기보다도, 하나씩 배워서 실행해 나갈 생각에 설렌다. '꿀잠 매니저'에서 '꿀잠메신저'로 닉네임만 바꾸었을 뿐인데, "메신저는 어떤 태도를 가져야 하지?" 나 스스로 질문을 던지고 나를 더욱 돌아보게 된다. 사람들의 건강 습관을 만들어주는 꿀잠메신저로서의 사명을 다하며, 내가 원하는 목표들을 차근히 이루어야겠다고 다짐한다.

나는 '꿀잠메신저'라는 내 브랜드이자 닉네임이 마음에 쏙 든다. 나와 같이 우울증을 겪더라도 이겨낼 수 있는 힘을 사람들이 가지도록 돕고 싶다. 신체적 건강 위기가 오기 전에 수면건강을 지켜서 예방하면 좋겠다. 우리 주위에는 암환자가 너무나 많다. 우리 부모님들도 아프실까봐 걱정이 된다. 어르신들은 치매예방을 위해서라도 잠을 잘 주무셔야 한다. 함께 살거나 가까이에서 살필 수 있는 가족들이 수면건강을 챙겨드리는 게 가장 좋을 것이다. "내 몸은 내가 가장 잘 안다" 라는 마음으로 자기 관리, 건강 관리를 해 나가는 게 중요하다. 건강의 세 가지 기둥인 수면습관, 식습관, 운동 습관을 만들면 100세까지 건강하게 즐겁게 살 수 있다.

나는 건강 수면습관을 평생습관으로 장착할 수 있게 도와주는 꿀잠 습관 메신저다. 그리고 독서 습관, 글쓰기 습관을 통해 진로를 찾고 자신의 책을 쓸 수 있게 돕는 사람이 되고 싶다. 공감대화 강의와 코칭을 통해 사람들이 공감대화를 주고 받는 경험을 할 수 있도록 돕는 공감대화 메신저도 되고 싶다. 꿈은 다음과 같은 뜻을 담고 있다.

꿈

[명사]

1. 잠자는 동안에 깨어 있을 때와 마찬가지로 여러 가지 사물을 보고 듣는 정신 현상.

2. 실현하고 싶은 희망이나 이상.

나는 사람들이 충분히 잠을 잘 잘 수 있도록 돕고 싶다. 그래서 잠을 자며, 상상력이 풍부한 "꿈"을 꾸길 바란다. 이때의 꿈은 렘수면 상태에서 뇌활성화로 인해 우리가 보고 듣는 꿈이다. 렘수면일 때 우리의 뇌는 기억을 처리하고 다양한 꿈을 통해 우리를 상상의 세계로 안내하기도 한다. 예지몽, 자각몽도 있듯이 꿈은 우리의 무의식을 반영하고, 우리를 도와주기 위해 있는 것이다.

매일 꿀잠 자는 습관을 기른다면, 우리는 낮시간 동안 '멘탈이 늘 깨어있는' 초집중자가 될 수 있다. 인생의 3분의 1인 잠을 충분하고 달콤하게 보낸다면, 나머지 3분의 2인 시간도 더욱 풍요롭게 보낼 수 있다. 그러므로, 나는 꿀잠을 자면 "꿈"에 가까워진다고 강력하게 말하고 싶다. "우리 각자가 실현하고 싶은 희망이나 이상"인 꿈을 이룰 수 있다. 나는 "꿀잠메신저"라는 이름을 나 스스로 지었다. 그리고 나를 응원하고 지지해주시는 분들이 "꿈잠지기"라는 별명도 지어주셨다. 이 별명도 너무나 마음에 든다.

나는 꿀잠메신저이자, 사람들이 각자의 꿈을 이룰 수 있게 도와주는 "꿈잠지기"이다.

꿀잠꿀팁 12.

30분의 짧은 낮잠이 도움이 됩니다

꿀팁!

1. 낮잠도 수면기록 노트(달력 등)에 기록합시다! 저는 수면기록에 낮잠에 대해서는 매번 적지는 않았지만 이왕이면, 낮잠시간도 기록을 해두면, '내가 이렇게 수면 부족일 때는 이정도 낮잠을 자야 개운해지는구나' 같은 참고 자료가 됩니다. 낮잠을 많이 잔 날, 너무 자책하지는 마시기 바랍니다. 실수할 수도 있습니다. 〈실패노트〉를 만들라는 말이 있듯이, 기록하고 스스로의 잘못과 실수를 인정하고 다음에는 더 나은 방향으로 행동해 나가면 됩니다.

2. 가족 또는 친구의 잠이 부족하진 않은지 안부인사를 건네봅시다. 부족하다면 달콤한 낮잠을 잘 수 있게 배려해줍시다.

3. 〈꿀잠 수면법〉을 완독한 소감을 블로그에 포스팅해주세요! 제 블로그에 링크를 복사하여 댓글을 남겨주시면 소정의 선물을 드립니다.

꿀잠! 수면과학

낮잠은 우리 몸의 건강과 컨디션에 얼마나 도움이 될까요? 또 낮잠을 얼마만큼 자는 것이 좋을까요?

> 미국에서는 단시간의 잠으로 생산성을 높이는 것을 '파워 냅(Power-nap)'이라고 부른다. 낮잠이나 선잠을 의미하는 'nap'과 'power-nap'을 조합한 말인데, 수면 부족을 통감하는 현대인의 감각에 딱 들어맞아 일반명사처럼 쓰인다. 낮잠 시간은 20분 정도가 좋다.
>
> (중략)
>
> 오후 3시 이전에 30분 이내의 짧은 낮잠이 바람직하다.
>
> — 니시노 세이지, 《숙면의 모든 것》, 로크미디어, 64쪽

외국인들은 일본의 지하철, 한국의 지하철에서 자는 사람이 많은 것을 보고 놀란다고 합니다. 우리는 일상이 되었지만 말입니다. 저는 서울시민이 아니고 친척을 만나거나 볼일이 있을 때, 서울의 지하철을 간혹 이용하게 됩니다. 그럴 때, 지하철에서 사람들의 모습을 관찰하기도 합니다. 스마트폰을 하거나, 눈을 감고 잠시 잠을 자거나, 대화를 나누거나, 책을 보는 사람들로 거의

나뉘는 것 같습니다.

저는 버스나 승용차를 타면, 운전하는 신랑 옆 조수석에 타서도 잠을 자는 사람이라, 지하철에서 자는 사람들이 이해가 됩니다. 한편으로는, 피곤한 사회 속 각자의 자리에서 열심히 사는 사람들을 보고 마음이 짠하기도 합니다.

만성 수면 부족이나 수면부채가 있다면 낮잠을 한번 자면 두세 시간씩 자기도 합니다. 제가 그랬습니다. 그래서 내 몸을 이렇게 몰랐다니, 수면부채를 이렇게 쌓아두지 말아야지 다짐하곤 했습니다.

수면과학자 니시노 세이지 교수가 조언해주듯이, 파워냅으로 생산성을 높이는 잠을 자는 것은 좋지만, 너무 긴 낮잠은 수면관성이 나타나서 멍한 상태가 될 수 있습니다. 또 저녁까지 오래 자면 수면압력(아데노신)이 낮아져서 밤잠을 자는 취침시간이 늦어지기 쉽습니다.

결론적으로, 낮잠은 도움이 됩니다. 단, 오후 3시 이전, 30분 정도가 좋다고 하니, 파워냅으로 기력충전하여 건강한 수면생활을 이룹시다.

PART 4

꿀메에게 물어보세요
Q&A

꿀잠 메신저와 함께
꿀잠에 대한 고민 해결하기

Q1. 수면 관리는 왜 꼭 해야 할까요?

수면 관리는 곧 시간 관리이고, 건강 관리라고 생각합니다. 휴식 시간과 수면 시간을 따로 떼어놓지 않으면 나머지 시간에 대충 자게 되고, 수면의 질이 떨어져서 에너지 관리를 못하게 됩니다. 결국 건강을 잃을 수도 있습니다.

〈원씽〉의 저자인 게리 켈러는 '생산성을 높이는 방법' 세 가지를 제시합니다. 그중 가장 중요한 첫 번째가, "휴식시간을 먼저 확보하라"는 것입니다. 그 후에, 단 하나의 일을 할 시간 확보하기, 계획할 시간을 확보하기를 차례로 하라고 말합니다.

저는 '휴식시간'을 먼저 확보하라는 말에 깜짝 놀랐습니다. 저는 당연히 원씽(The one thing)을 강조했으니, 단 하나의 그 일을 할 시간을 먼저 확보해야한다고 생각했습니다. 곰곰히 생각하니, 우리는 깨어있는 시간에 온전히 일만 하고 살 수 없습니다. 적절한 에너지 충전인 식사와 휴식이 꼭 필요합니다.

수면 시간도 휴식이자 재충전의 시간입니다. 수면 시간을 꼭
확보하고 지키는 것이 깨어 있을때 집중하고 생산성을 높이는 길
입니다. 또 하나, 자신을 사랑하고 돌보는 일이라는 것도 꼭 명심
하시기 바랍니다.

Q2. 왜 사람은 잠을 자야 하나요?
수면의 역할이 몇 가지나 있나요?

'수면'은 '단순한 휴식'이 아닙니다. 휴식이 큰 부분을 차지하지만, 우리 몸에 중요한 역할 네 가지가 더 있습니다. 물론 수면과학자들은 지금도 연구하고 있을 것입니다. 〈스탠퍼드식 최고의 수면법〉에서 니시노 세이지 교수는 수면의 다섯 가지 역할을 말해줍니다. 우리 한쪽 손을 쫙 펼쳐서, 다섯 가지의 수면의 역할을 정리해보고 기억도 해두면 좋겠습니다. ('수면의 다섯 가지 역할' 출처: 니시노 세이지, 《스탠퍼드식 최고의 수면법》, 북라이프, 65~72쪽)

첫째, 뇌와 몸에 휴식을 줍니다. 둘째, 기억을 정리하고 정착시킵니다. 셋째, 호르몬의 균형을 맞춥니다. 넷째, 면역력을 높이고 질병을 물리칩니다. 다섯째, 뇌의 노폐물을 제거합니다.

정리해볼까요? 휴식, 기억, 호르몬, 면역력, 뇌 건강, 이렇게 크게 다섯 가지입니다. 줄여서 '휴기호면뇌'입니다. 시험 보는 것도 아니지만 저는 잠의 고마움을 인식하기 위해 외워두려고 합니다.

우리가 이러한 사실을 모르고 있어도 인식하고 있지 않아도 저절로 일어난다는 사실이 너무도 신기하지 않나요? 각 호르몬의 이름과 역할, 우리 몸의 각 기관의 기능을 연구하는 과학자들도 놀랍습니다. 우리는 과학자는 아니지만, 수면의 역할을 알고 있으면, 우리 몸에 더 감사할 수 있습니다. 내 몸을 내가 알면, 적절히 대처할 수 있습니다.

우리 몸에서 뇌라는 기관은 가장 중요합니다! 뇌는 우리 몸무게의 2%만을 차지한다고 합니다. 그런데 뇌는 혼자서 우리 몸이 하루에 필요로 하는 전체 에너지의 약 20%를 사용합니다. 엄청나지요? 이렇게 중요한 뇌도 쉴 때는 쉬어야 합니다. 우리가 수면을 취할 때도 뇌는 기억을 정리하고 뇌의 노폐물을 제거하는 일도 합니다. 치매를 예방하고 뇌 건강을 위해 우리는 숙면 취하는 습관을 가져야겠습니다.

Q3. 잠에 잘 들고 꿀잠 잘 수 있는 팁이 있다면 알려주세요.

잠이 잘 오게 하고 숙면할 수 있는 방법으로 "스마트기기 작동 중단 습관", "발 스트레칭", "족욕" 이 세가지를 추천합니다. 앞의 두 가지는 꿀잠메신저인 제가 10년이상 해온 방법입니다. 세 번째는 족욕하기는 꿀잠 프로젝트 멤버님들이 크게 효과를 보시고 추천해주신 방법입니다.

첫 번째로, "작동 중단 습관"이 중요합니다. 저녁에 해야할 일이 있다면,

'오늘은 이까지만 하고 잘 거야. 10시에는 잠자리에 누울거야'

이렇게 취침 목표시간을 정하는 것이 중요합니다. 〈초집중〉의 저자인 니르 이얄은 "다만 잠을 자기로 한 시간에 침대에 눕고 책을 쓰기로 한 시간에 책상이 앉을 뿐이다"라고 말하며 시간관리는 투입물에만 집중하자고 말합니다. 그리고 이것을 규칙적인

습관으로 만드는 것입니다.

두 번째로, 발 스트레칭입니다. 제가 자기 전에, 누워서 하는 발목 스트레칭을 소개해 드리겠습니다. 누워서 발목을 움직여서 발끝을 까치발 하듯이 길어지게끔 쭉 늘여주기를 10초 동안 합니다. 이번엔 반대로 발목을 꺾어서, 발을 내 몸쪽으로 당겨오듯이 모아주기를 10초 동안 합니다. 이것을 다섯 번 이상 반복해주면서 몸을 이완시킵니다. 그러면 잠이 잘 오게 되고 깊은 잠을 취할 수 있습니다. 이때, 10초라는 시간은 개인에 맞게 조절하시면 됩니다.

셋째로, 족욕하기입니다. 의사들과 연구자들이 족욕의 효과는 뛰어나다고 말하며 추천하고 있습니다. 저는 해본 횟수를 손으로 꼽을 수 있을 정도로 적지만, 아이들이 좀 크면 족욕이나 반신욕을 습관으로 만들고 싶다는 생각이 듭니다.

수면 과학자들은 잠들 때에는 심부(몸의 내부) 체온을 낮추고, 피부 온도를 높여서, 그 온도 차이를 좁히라고 말합니다. 피부를 통해 열을 발산하여, 심부체온과 피부온도의 차이를 좁힘으로써 자연스럽게 잠이 오는 것입니다. 족욕은 간편하게 할 수 있어 시간도 짧게 걸려서 좋습니다. 그리고 발의 혈액순환을 원활하게 해주어 숙면에 도움을 줍니다.

Q4. 일찍 자도 수면의 질이 안 좋을 수 있고, 늦게 자도 수면의 질이 좋을 수 있는데, 수면의 질은 어떻게 관리해야 하나요?

"꿀잠꿀팁 1"에서 설명해드린 "수면시간표" 이야기와 관련되어 있다고 생각합니다. 수면과학자들이 공통적으로 가장 강조하는 수면습관이 바로, "매일 자신이 정한 취침 시간에 자고, 정한 기상 시간에 일어나는 규칙적인 생활"입니다.

우리는 개인마다 수면패턴이 제각각 다릅니다. 자신의 일정한 수면패턴을 지킬 때 수면의 질을 좋게 유지할 수 있다고 생각합니다. 그리고, 불규칙한 생활을 오래 한다면 수면의 질도 떨어지고 건강을 해칠 우려도 있습니다.

예를 들어, 12시에 자고 7시에 일어나더라도, 규칙적으로 취침하고 기상한다면 수면의 질을 좋게 유지할 수 있는 가능성이 커지고 그 수면리듬을 지켜갈 수 있을 것입니다. 수면시간표를 유지하며, 성인의 수면시간인 6~8시간을 확보하게 되면 더욱 좋습니다.

저도 취침시간이 자주 바뀌니 수면의 질이 떨어지고 낮에 졸게 되는 경우도 많았습니다. 꿀잠메신저인 저도 실수하고 다시 규칙적인 수면패턴으로 돌아오곤 합니다. 여러분도 꾸준히 수면기록을 하며 자신만의 규칙적인 수면패턴을 만들어 가시기 바랍니다. 수면 리듬은 너무나 깨지기 쉬우므로, 주의해야 합니다. 수면 리듬이 깨졌을 때는 다시 돌아오기 위해 노력하면 됩니다.

Q5. 성인은 평균 몇시간 자는게 좋은가요?

결론부터 말씀드리겠습니다. 성인은 6~8시간 자는 게 좋다고 많은 수면과학자와 의사들이 말하고 있습니다.

6~8시간 충분한 수면을 취하는게 좋다고 하는데, 중간값이 7시간이죠? 수면 과학자 니시노 세이지 교수는 〈숙면의 모든 것〉을 통해, 충분한 수면 시간을 유지하는 습관을 들이자고 강조하고 있습니다. 필요한 수면 시간은 사람마다 다르지만, 7시간을 기준으로 삼으면 좋다고 말합니다.

2002년 미국 캘리포니아 대학교에서 성인 100만명을 대상으로 평소 수면시간과 6년간의 사망률을 추적한 연구 결과로, 하루 7시간 잠을 잔 사람의 사망률이 가장 낮았습니다. 이들보다 적게 자는 단시간 수면인 사람이나, 반대로 오래 자는 장시간 수면인 사람은 사망률이 증가했습니다.

잠이 지나치게 많은 것은 오히려 수면의 질이 나쁘다는 신호일 수 있으니 주의해야 합니다. 그리고, 낮에 TV를 시청하거나 지하철에 가만히 앉아 있을 때 졸리면 잠이 부족하다고 보면 됩니다.

저도 7시간을 자야 쌩쌩하게 생활이 가능한것 같습니다. 다만, 책쓰기와 1인기업 준비로 5~6시간 이렇게 수면을 취할 때가 있어서 30분 정도의 낮잠도 자곤 합니다.

여러분의 최적의 수면시간은 몇시간이신가요? 수면 기록을 통해 스스로 자신의 꿀잠시간을 찾아보시기 바랍니다.

Q6. 잠자기 전 '취침 루틴'이 무엇인가요?

잠자리 의식은 쉽게 말해, 자기 전에 하는 "루틴"입니다.

자기 전에 우리는 보통 무엇을 하고 있을까요?

- 양치질을 합니다.
- 잠옷으로 갈아입습니다.
- 물을 마십니다.
- 화장실을 갑니다.
- 감사일기를 씁니다.
- 책을 읽습니다.
- 음악을 듣습니다.
- 스트레칭을 합니다.
- 스마트폰을 봅니다.

이러한 행동들이 잠자리 의식이 될 수 있습니다. 한자어로는 입면 의식(入眠 儀式)입니다. 뜻풀이를 그대로 하면, "잠에 들어가기 위해 따르는 정해진 방식"입니다. 잠에 들어가기 위해, 나 스스로 정해둔 패턴입니다. 그러므로 나 자신이 만들어 가는 것입니다.

저는 잠자리 의식으로, 아이들에게 그림책 읽어주기와 자장가 불러주기를 합니다. 아이들은 8살, 10살입니다. 저는 두 아이가 중학생이 될 때까지 책을 읽어주고 싶은 마음입니다.

여러분의 잠자리 의식은 무엇인가요?
나만의 "잠자리 루틴" 꼭 만들며 매일 꿀잠자는 습관 쌓아가시기 바랍니다.

Q7. 부담없이 개운하고 상쾌하게 일어나는 것이 가능할까요?

저는 가능하다고 말씀드리고 싶습니다.

저는 '기적의 아침'은 매일 꿀잠으로 상쾌하고 기쁘게 하루를 시작하는 것이라고 정의합니다.

'미라클모닝'과 '새벽기상'을 동의어로 생각하는 경우가 많이 있습니다. 저는 아침을 사랑하게 되었고, 이제 새벽형 인간이라고 생각할만큼 새벽도 좋아졌습니다. 하지만, "잠"을 중요하게 생각하고 잠을 관리하면서 '새벽기상'을 하는 것이 좋다고 생각합니다. '기상'에만 초점을 맞추다보면 우리 몸을 돌보지 못하고 보여지는 모습에만 열중하게 됩니다.

"일어나고 싶은 시간에 알람없이 또는 알람을 듣고 부담없이 개운하고 상쾌하게 일어나는 사람들은 몇 퍼센트나 될까요?"

라는 질문을 꿀잠프로젝트 멤버님 한 분이 던져주셨습니다.

저도 궁금해서 자료를 찾다가 최근 수면관련 설문 조사를 찾았습니다. 헬스 테크놀로지 분야 선도 기업 필립스(Royal Phillips, 필립스)는 2021년 3월 19일 세계 수면의 날을 맞아 한국인 999명을 포함한 총 13개국 13,000명을 대상으로 실시한 글로벌 수면 서베이 "코로나19 이후 글로벌 수면 동향" 결과를 발표했다고 합니다.

저는 이 통계 결과 중에서 한국인의 수면 만족도에 주목했습니다.

스스로 충분한 수면을 취하고 있다고 느끼는 한국인의 비율은 조사국 중 최하위였습니다. 35%의 비율로, 100명중에 35명만이 만족하고 있다는 것입니다. 전체 조사국의 만족도는 58%였습니다.

"일어나고 싶은 시간에 부담없이 개운하고 상쾌하게 일어나는 사람들은 몇 퍼센트나 될까요?"라는 질문에도 저는 35%정도라고 추측해봅니다. 우리 나라 사람들이 잠의 중요성을 많이 깨닫고 더 잘 자게 되기를 간절히 바랍니다. 꿀잠 프로젝트에 많은 분들이 참여해주시고 수면기록을 하는 분들이 늘어나실 때 기운이 납니다. 그리고 자신만의 수면패턴을 찾았다고 말씀하실 때 너무나 기쁘고 행복합니다.

결론적으로, 개운하게 일어날 수 있는 타이밍은 개인마다 다르다고 생각합니다. 가장 중요한 것은 자신의 취침시간에서 6~8시간을 더해서 기상시간을 스스로 정하고, 그 시간으로 알람을 맞추면 된다고 생각합니다.

자신에게 충분한 수면시간을 확보하고, 제때에 취침하고 충분히 잔 후에 일어나야 개운하게 일어날 수 있다는 말씀을 해드렸습니다. 기본에 충실하려고 노력하는 것이 중요하다고 생각합니다. 저 또한 기본에 충실하며 건강한 습관을 꾸준히 만드는 꿀잠메신저가 되도록 노력해야겠습니다.

Q8. 기상 알람은 몇 개 맞추는 것이 좋을까요?

저는 알람없이는 도저히 살 수 없고, 5분, 10분 간격으로 매일 알람 세 개는 기본으로 해두고 잤습니다. 워킹맘이었고, 휴직일 때는 아이들을 아침밥을 먹이고 등원을 시키기 위해서 였습니다. 신랑이 소방관으로 교대근무를 하므로 제가 잘 일어나야 했는데, 올빼미 생활을 할 때라서 겨우겨우 일어나 바쁘게 준비했습니다. 수면 기록을 하고 수면 관리를 하는 지금은 알람 한 개면 충분합니다.

알람의 개수는 크게 중요하지 않다고 생각합니다. 자신에게 딱 맞는 수면패턴을 찾게 되면 알람의 수를 줄여나가면 될 것 같습니다.

〈숙면의 모든 것〉의 저자인 니시노 세이지 교수는 30분 정도 간격으로 알람을 딱 두개 맞추는 방법인 '타임 윈도우 알람'을 소개하고 있습니다.

꼭 일어나야할 시간보다 30분 이전에 한 개를 맞춰놓고, 그때 일어나면 여유가 조금 생겨서 좋습니다. 이 알람을 듣고 못 일어나더라도 그 다음 알람이 울리면 곧바로 일어나는 습관을 들이는 것입니다. 저도 이 방법을 자주 이용하는 데 참 좋은 방법이라 생각합니다.

참고로, 렘수면일 때 자연스럽게 기상하기가 쉽고, 비렘수면일때는 어려우므로 이 '타임 윈도우 알람'이 도움이 되는 것 같습니다.

스누즈는 좋지 않다고 말합니다. 스누즈(snooze) 의 뜻은 "잠깐자다", "눈을 붙이다"입니다.
우리는 깊은잠을 잘 자고, 개운하게 일어나길 원합니다.

저는 스누즈 알람을 맞춰야 안심이 되고, 그래야 제가 원하는 시간에 겨우겨우 일어나는 사람이었습니다. 하지만, 이제는 알람을 1개 혹은 2개 맞추고 자면 개운하게 일어날 수 있습니다.

여러분도 자신의 수면패턴에 따라 단순한 알람을 맞추고 일어나는 습관을 가져보시기 바랍니다.

참고로, 저는 취침준비 알람을 저녁 8시 30분에 맞추어 놓고, 그 시간 부터는 아이들과 가족들이 함께 취침 준비를 합니다. 여러분도 취침 알람을 설정하여 원하는 시간에 취침하는 연습도 해보시길 추천합니다.

Q9. 수면 기록을 하면 왜 좋은가요?

"당신은 몇 시간을 자야 그 다음 날 가장 머리가 지혜롭고 행복한가요?"

"당신은 몇 시간 자고 나서 초롱초롱한 정신으로 집중하는 사람이 되고 싶은가요?"

현재의 내 모습을 알아야 내가 원하는 목표에 가까워질 수 있습니다.

우리는 우리 몸에 대해서 안다고 생각하지만 잘 모르고 행동할 때가 무수히 많습니다.

수면기록은 딱 네 가지를 기록하면 됩니다. 취침시간, 기상시간, 수면시간, 수면만족도입니다.

자신의 잠 시간을 기록함으로써 내가 얼마나 쉬고 있는지, 얼마나 피곤했는지 점검하고 알 수 있습니다. 많이 자고 적게 자고는 성급한 판단일 수 있습니다. 판단은 중지하세요!

수면기록 자체가 성공입니다. 수면기록한 자신에게 칭찬해줍시다. 내 몸을 아끼고 사랑하는 노력을 기울인 것을 축하하고 대견하게 생각하기 바랍니다.

수면 기록을 일주일 동안 하면 내 몸과 내 수면에 대해 관심을 가질 수 있습니다.

그리고, 한 달 동안! 수면을 기록한다면 잠의 소중함을 더욱 깨달을 수 있습니다.

내 최적의 잠 시간을 알아낼 수 있습니다. 내 몸과 마음을 돌볼 수 있는 자신감이 생깁니다.

수면기록을 하며, 아침 감사일기를 함께 쓰면 더욱 행복해집니다. 시간은 5분이면 됩니다. 저는 요즘 새벽루틴을 하며 한 가지를 깨달았습니다. 좋아하는 일은 빠르게 할 수 있다는 것입니다. 저는 수면기록과 확언쓰고 외치기, 감사일기 쓰기를 좋아합니다. 그때그때 다르지만 10분정도 걸립니다. 달력이나 다이어리에 수면기록만 한다면 1~2분이면 됩니다.

Q10. 수면 기록이 빠진 날이 있어도 될까요?

네, 물론 됩니다. "나는 1년 동안 수면기록하며 꿀잠습관(숙면습관)을 기르겠다"고 계획을 세웠다면, 1년 동안 수면기록을 해보시기 바랍니다. 그 사이에 하루 이틀씩 간혹 빠지는 것은 괜찮습니다. 달력에 기록 중인데 빠졌다면, 대략적으로 '약 6시간 수면'와 같이, 다른 색깔 볼펜으로 적어놓으면 어떨까요.

수면습관, 운동습관, 식습관을 만들 때에 '연속보다 횟수에 집중하기'가 도움이 됩니다. "내가 3월은(하루만 빼고) 30일 동안 수면을 기록했구나." "한 달 동안 20번을 내가 30분 걷기를 했구나." 이렇게 스스로에게 칭찬과 축하를 해주시기 바랍니다. 〈아주 작은 습관의 힘〉을 쓴 제임스 클리어가 말했듯이 '차이를 만드는 것은 횟수다' 라는 것을 기억해주시기 바랍니다.

이틀 연속으로 빠지지 않겠다는 마음으로 꾸준히 하시면 습관으로 만들 수 있습니다. 나만의 작은 습관 만들기를 즐겨봅시다.

제가 '성공 횟수'에 일단 집중하는 것이 도움이 된다고 말씀드렸습니다. 그리고, 성취감을 느끼고 조금씩 자신감이 생긴다면 '연속 성공'을 목표로 두시면 좋겠습니다.

수면기록이 첫 번째 도미노가 된다면

여러분은 어떤 작은 습관을 만들고 싶으신가요? 물 자주 마시기, 식습관, 운동습관, 영어공부, 대화습관 등 여러 가지가 있을 것입니다.

"건강"을 위한 습관을 만들기로 결심한다면, 수면기록을 시작해보시기 바랍니다. 그것은 자신을 사랑하고 자신을 지키는 길입니다. 더 나아가 우리 가족의 수면건강을 지킴으로써 건강하고 행복한 가정을 만들 수 있습니다.

저희집 아이들은 옛날 이야기를 무척 좋아했고 지금도 좋아합니다. 여러분도 '흥부 놀부', '혹부리 영감'과 같은 이야기 많이 읽고 좋아하셨죠? 제가 지금 들려 드리고 싶은 이야기도 옛날이야기입니다. 그런데 어릴 적에 들은 이야기는 아니고 어른이 되어 들었는데 제 마음에 쏙 들어왔습니다.

제가 2011년 중학교 교사 초임시절, 저희 교장선생님이 학생들에게 들려주신 이야기입니다. 저는 참 좋아서 머릿속에 기억해두었습니다. 한두 달쯤 지나자 기억이 희미해지는 것 같아 걱정되어 노트에 적어두기도 했습니다. 교사생활을 할 때라서 나중에 담임교사를 할 때 아이들에게 들려주고 싶었고, 제 아이를 낳으면 들려주고 싶었습니다. 그간 이사를 많이 다녔던 저는 그 사이에 노트가 없어졌으면 어쩌나 했는데 다행히 최근에 찾았습니다.

옛날, 어느 양반이 집에서 일할 머슴을 한 명 뽑고자 면접을 봤다고 합니다. 머슴을 하고자 하는 청년 세 명이 찾아왔습니다. 양반은 그들에게 각자 자신의 장점을 이야기해보라고 했습니다.

"저는 농사를 잘 짓습니다."
"저는 힘이 셉니다."
그런데 한 사람이,
"저는 잠 하나는 잘 잡니다"라고 하였습니다.
양반은 이상하게 생각했지만 너무 궁금하기도 하여 그 사람을 머슴으로 삼고 일하도록 하였습니다.

비바람이 몰아치던 어느 날이었습니다. 시간은 초저녁이라 양반은 안방에 있다가 마당으로 나왔습니다. 양반은 집을 둘러보다가 머슴이 지내는 방을 살펴보았습니다. 잠을 잘 잔다던 머슴이 세상 모르게 잠들어 있었습니다. 괘씸한 마음에 깨워야 하나 생각이 들었지만 집을 먼저 둘러보기로 했습니다.

바람이 몰아치지만 집은 안전했습니다. 대문이 며칠 전부터 삐거덕거렸었는데, 단단한 나무를 덧대어 수리되어 있는 것이 보였습니다. 머슴이 낮에 수리를 해놓은 것이 틀림없었습니다. 곳간도 문이 닫혀있고, 자물쇠로 잠그어 단단하게 되어있었습니다. 마당도 잘 정돈되어 있고 작은 빗자루 하나도 창고에 정리되어 있어 날아가거나 손상될 것이 없었습니다.

바람이 거세고 비가 들이쳤지만 쏴아 하는 소리, 기왓장에 빗물이 떨어지는 소리, 바람소리만 들려왔습니다. 양반은 비로소, "저는 잠 하나는 잘 잡니다" 라고 말했던 의미를 깨달았습니다.

머슴은 모든 상황에 대비해 준비를 해놓고 잠을 잔 것이었습니다. 이러한 성실함과 준비성을 갖추고 있었기 때문에 잠을 푹 아주 잘 잔다고 말했던 것입니다.

저는 이 이야기를 꼭 기억하고 싶었습니다. 저는 체구가 작은 편이고 힘도 세지 않습니다. 일 처리 속도도 느린 편입니다. 시골에서 친정부모님이 농사를 지으시는데 저는 늘 오빠만큼 큰 도움이 되지 못해서 아쉬웠습니다. 외모 콤플렉스도 있었습니다. 화장을 배우고 옷도 스타일을 살려 입으면 나을 텐데 제 적성에 너무 안 맞았습니다.

저는 사춘기 없이 자랐습니다. 온실 속에서 자란 것처럼 말입니다. 그랬던 저는 26살 사회초년생에 사춘기를 겪으며 너무도 힘들었습니다.

'나는 왜 교사가 되었지?'

'어른이면 어른답게 처신해야되는거 아닌가?'

'나란 사람은 도대체 뭘 잘 할까?'

저는 좋은 교사가 되기는커녕 독립적인 어른도 되지 못한다는 생각에 자괴감을 느꼈습니다. 하지만, 저는 대학생 야학교사를 할 때 활발한 교사였고, 학창 시절에는 반장, 과대표, 편집부장(사범대 수학교육과 문집 '수모아'를 만드는 부서장) 등을 하며 나름대로 성실하게 살아왔습니다.

왜 나는 교단에 서면 작아질까를 고민했고 나는 어떤 장점이 있을까 찾고 싶었습니다. 저는 건강하고 활발한 에너지의 소유자라 믿었습니다. 잠을 잘 자고, 잘 일어났고, 음식도 가리지 않고 잘 먹고, 배출도 원활한 체질이었습니다.

교장선생님의 그 이야기를 듣는 순간, 제가 잘하는 것을 찾아서 기뻤습니다.

저도 머슴처럼 "저는 잠 하나는 잘 잡니다"라고 당당하게 말하고 싶었습니다.

이 책을 씀으로써, "잠 잘 자는 사람"인 저 조아라의 삶과 이야기를 내어 놓게 되어 기쁩니다. 저는 성실하게 일을 해놓고 뿌듯하게 잠을 푹 잘 자는 사람입니다. 아직 부족한 점이 많지만 매일 조금씩 성장하는 사람입니다.

저는 꿀잠메신저가 되어 행복합니다. 저는 "잠 하나는 잘 자는 습관을 가진 사람"으로서 사람들의 수면건강도 찾아주고 싶습니다.

코로나 팬데믹 시대, 8살 10살 아이들을 키우는 워킹맘으로 답답하고 힘들었습니다. 저보다 힘드실 자영업 사장님들, 제 지인들, 그리고 코로나에 걸리면 위험해질 수도 있는 우리 부모님들이 걱정되었습니다. 수면건강부터 챙겨드리고 싶어서 〈숙면의 모든 것〉 책을 선물하기 시작했습니다. 카카오프로젝트100 앱에서 수면기록 프로젝트를 꾸준히 운영했습니다.

제 소원은 제가 사랑하는 이들이 암에 걸리지 않고, 큰 질병 없이 건강하게 100세까지 누리며 사는 것입니다.

꿀잠 자는 숙면습관은 누구나 충분히 기를 수 있습니다. 수면과 내 몸에 관한 지식을 하나씩 얻고, 수면기록을 하면 아침이 달라집니다. 개운하고 행복한 아침, 기적의 아침을 만나실 거라고 믿습니다.

서문에서 말씀드렸듯이, **"기적의 아침"은 매일 꿀잠 자고 상쾌하게 일어나 기쁘게 하루를 시작하는 것입니다.**

부담이라면 미라클모닝, 새벽 기상을 인증하지 않아도 됩니다. 내게 맞는 최적의 수면시간을 확보하고, 내가 정한 시간에 자고, 매일 수면시간을 기록해보시면 됩니다. 궁금한 점이 있으시다면 제 블로그나 이메일 등의 SNS를 통해 질문해주시면 답변으로 도와드리겠습니다. 당신의 꿀잠을 응원합니다!

2022년 4월

꿀잠습관 메신저 조아라

암 수술한 내가 꼭 알았어야 할
꿀잠 수면법

1판 1쇄 인쇄 | 2022년 4월 25일
1판 1쇄 발행 | 2022년 4월 29일

지은이 | 조아라

펴낸이 | 최원교
펴낸곳 | 공감

등 록 | 1991년 1월 22일 제21-223호
주 소 | 서울시 송파구 마천로 113
전 화 | (02)448-9661 팩스 | (02)448-9663
홈페이지 | www.kunna.co.kr
E-mail | kunnabooks@naver.com

ISBN 978-89-6065-316-0 03320